교 과 서 에
나 오 지
않   는
발 칙 한
생 각 들

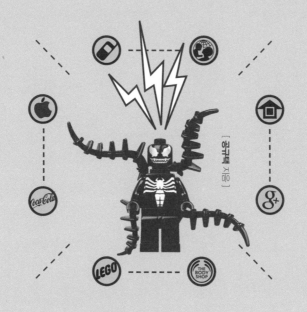

[곽규택 지음]

----- 교과서에 나오지 않는 -----

발칙한 생각들

이야기로 만나는 창의성의 비밀 ☆

우리학교

새로운 생각을 만들자

200년 전에 노예 해방을 외치면 미친 사람 취급을 받았습니다. 100년 전에 여자에게 투표권을 달라고 하면 감옥에 집어넣었습니다. 50년 전에 식민지에서 독립운동을 하면 테러리스트로 수배당했습니다. 단기적으로 보면 불가능해 보여도 장기적으로 보면 사회는 계속 발전합니다. 그러니 지금 당장 이루어지지 않을 것처럼 보여도 대안이 무엇인가 찾고 이야기해야 합니다.

　　　　　　　　　　　　　－ 장하준, 『그들이 말하지 않는 23가지』에서

　현대사회를 흔히 '지식기반사회'라고 일컫습니다. 말 그대로 우리가 사는 사회가 지식을 기반으로 유지·발전되고 있다는 뜻입니다. 현대사회가 요구하는 창조적 지식은, 바로 남들이 생각하지 못한 독보적인 지식입니다. 독보적인 지식은 새로운 생각을 만들어 내는 데서 나옵니다. 새로운 생각을 만드는 능력을 우리는 바로 '창의력' 혹은 '창의성'이라고 부릅니다.

그렇다면 창의성의 실체는 무엇일까요? 무엇이 창의적인 것이고, 어떤 것을 창의력이라고 말할 수 있을까요? 창의성이 시대적 요구라는 데는 이견이 없는 만큼 그 개념에 대해서 다양한 주장이 오가고 있고, 창의성에 대한 학문적 연구도 여러 관점에서 활발하게 진행되었습니다. 그래서 혹자는 창의성의 요소를 나열하고, 창의적인 사람의 특성을 분석하기도 합니다. 또 창의성을 키우는 교육 방법에 대해서 논하기도 합니다. 그런데 이러한 연구의 면면을 뜯어보면 실체가 없습니다. 단지 창의성에 대한 말의 성찬일 뿐이라는 생각을 떨칠 수가 없습니다. 왜 그럴까요? 결론부터 말하자면 창의성에 대한 정의와 연구가 '맥락' 또는 '상황'을 간과하고 있기 때문입니다.

창의성을 발휘한 이들의 선례를 살펴보면 문제 상황에 직면했을 때 그들이 한결같이 그 상황을 해결하고자 했고, 그 욕구가 곧 '새로운 생각'을 창조해 냈음을 목격할 수 있습니다. 다시 말해 그들이 창의적인 능력을 타고난 것이 아니라, 문제를 해결하려는 강렬한 욕구가 '창의'로 승화되었던 것입니다. 저는 창의성이 발현되는 이 다이내믹한 과정을 포착하고 싶었습니다. 다만 아인슈타인이나 다빈치와 같은 역사적 위인보다는 세상에 잘 알려지지 않은 인물들이 내놓은 소소한 아이디어까지 소개하려고 애썼습니다. 창의성은 '위대한 것'보다는 '기발한 것'에 가깝다는 사실을 전달하고 싶었기 때문입니다.

아울러 창의성으로부터 '특허, 지적재산권, 세기의 발명, 부와 명예' 등을 연상함으로써, 창의성을 자본주의 사회에서 거대

교과서에 나오지 않는 발칙한 생각들

: 저자의 말

이윤을 창출하는 도구쯤으로 여기는 물신적 사고방식과는 다른 시각을 보여 주고 싶었습니다. 역사 속에서 창의성이 발현된 사건들을 조금만 유의 깊게 살펴보면 인류의 복지와 발전에 기여한 이들의 사례가 훨씬 더 많았음을 발견할 수 있습니다.

이 책은 창의성과 관련한 다양한 사건들을 이야기 형식을 빌려 구성했습니다. 이야기에 담긴 서사를 통해 창의성이 발현되기까지의 상황과 맥락이 독자에게 전달되기를 바랐습니다. 이 책을 읽는 여러분들이 이야기를 쫓아가다 보면 창의성이 어떤 지점에서 어떻게 발현되는지 그리고 그것이 왜 가치가 있는 생각인지, 다양한 상황과 맥락을 흥미롭게 파악할 수 있을 것입니다. 아울러 독자들이 각자의 삶에서 문제 상황에 직면했을 때 창의적인 발상을 통해 그 문제를 해결하는 데 도움이 되기를 바랍니다.

이 책에는 창의적 발상을 통해 문제를 해결한 다양한 인물이 등장합니다. 그 인물의 창의적인 발상을 진실의 뼈대로 삼았으나, 그 주변에 붙인 스토리의 살점은 모두 가공의 것입니다. 다시 말해 역사적 사실로 기본적인 뼈대를 세워 두고 이야기가 전개되는 구체적인 시공간과 사건들은 '이야기'를 구성하기 위해 나름대로 픽션을 가미한 것이니, 이른바 '팩션'이라고 할 수 있겠습니다. 따라서 이 책을 읽을 때에는 인물들이 창의적 발상을 하기까지의 과정과 그것이 세상에 어떤 변화를 일으키는지 포착하는 데 주력하기를 바랍니다.

이 책은 크게 세 부분으로 이루어져 있습니다. 창의성의 과

거와 현재와 미래가 그것입니다. 제1부는 창의성의 과거에 대한 이야기입니다. 지금은 당연한 것이 되었지만 한때는 뭇사람들로부터 비난받고 거부당했던, 시대를 앞서갔던 창의적인 사람들의 이야기를 다루었습니다. 제2부는 창의성의 현재에 대한 이야기입니다. 비교적 최근에 그리고 현재까지도 지금 우리가 살아가는 사회의 흐름을 주도해 나가는 사람들의 이야기입니다. 제3부는 창의성의 미래에 대한 이야기입니다. 가까운 미래에 이 사회를 변화시키고 새로운 트렌드를 만들어 낼, 창의성의 무한한 잠재력을 지닌 사람들의 이야기입니다.

인류 역사상 가장 창의적인 사람은 누구였을까요? 수많은 사람들이 있었겠지만 지극히 주관적인 관점에서 딱 두 사람만 꼽아 보자면 서양에서는 아인슈타인, 동양에서는 세종대왕이 단연 창의적이었다고 생각합니다. 그런데 아인슈타인이 빛보다 빠른 물체를 이야기했을 때 뭇사람들은 그를 비웃었습니다. 세종대왕이 새로운 문자를 만든다고 했을 때 신하들마저 임금을 비난했습니다. 그러나 그들의 비웃음과 비난은 상대성이론을 완성하고, 훈민정음을 창제한 창의성을 이해하지 못한 어리석음의 소치일 뿐이었습니다. 창의, 즉 새로운 생각은 세상을 바꾸지만 타성에 젖은 '일상의 눈'으로 바라보면 그저 낯설고 해괴한 생각으로 보일 뿐입니다. 안타깝게도 우리 사회의 곳곳에는 일상의 눈이 도사리고 있어 이제 막 움트는 새로운 생각을 미처 싹틔워 볼 기회조차 얻지 못할 때도 있지요. 그런 의미에서 타성은 창의성을 잡아먹는 '악성 바이러스'라고 할 수 있을 것입니다. 이 책이 새로운 생각을 북돋우는 사회적 분위기를 만드는 데 '안티바이러스'의 역할을 할 수 있기를 감히 바랍니다.

2014년 새봄을 바라보며
공규택

교과서에 나오지 않는 조금한 배개들

고정관념에 남지기 않는 발칙한 생각들

1부

기교는 닦아갈수록 겉으로 더욱 드러나고

경이란 있다

하늘을 쳐다보며 점프하는 그를 보고 관중은 웃었다

: 당연한 것을 거부하다

1963년 미국의 포틀랜드. 메드포드 고등학교 2학년생인 포스베리는 전국고교육상선수권 대회 지역 예선에 참가하고 있었습니다. 포스베리가 참가한 종목은 높이뛰기. 본선에 참가할 수 있는 기준 기록은 1.52m였습니다. 포스베리는 높이 1.52m, 마지막 3차 시기에 도전하고 있었습니다.

'마지막 기회야. 이번에 넘지 못하면 또다시 1년을 기다려야 해. 반드시 넘고야 말겠어!'

굳은 각오와 함께 포스베리는 힘차게 도움닫기를 시작했습니다. 다리를 힘껏 차올려 몸을 비틀며 바(Bar)를 넘었습니다. 그러나 포스베리의 몸이 바 너머의 매트에 떨어지자마자 바가 출렁거리더니 이내 땅바닥으로 내동댕이쳐졌습니다. 전국고교

육상선수권 대회의 본선에 진출하려던 포스베리의 꿈이 산산
조각 나 버리는 순간이었습니다.

5년 만에 꿈의 무대에 서다

그로부터 불과 5년 후, 포스베리는 놀랍게도 1968년 멕시
코 올림픽 높이뛰기 결선 무대에 서 있게 됩니다. 결선에 오른
사람 중 2.2m를 넘은 선수는 포스베리를 포함해 단 3명. 이제
2.22m에 도전하는 첫 선수가 막 도움닫기를 시작했습니다. 가
장 먼저 2.22m에 도전하는 선수는 바로 21살의 청년 포스베리
였습니다. 바를 향해 달려가는 포스베리의 모습에서는 어떠한
긴장감이나 불안함도 찾아볼 수 없었습니다. 그는 새처럼 날아
가볍게 1차 시기를 통과했습니다. 그러나 관중석에서는 우레와
같은 박수보다 놀라움과 감탄의 소리가 먼저 터져 나왔습니다.
 "아니, 이럴 수가!"
 "저건 뭐지?"
 사람들의 웅성거림이 메인스타디움을 채웠습니다. 그리고
이어서 박수 소리가 울리기 시작했고 휘파람 소리, 요란한 함
성이 메아리치기 시작했습니다.
 관중들은 그가 넘은 2.22m라는 기록보다 그가 뛰는 모습
에 더 충격을 받은 듯했습니다. 다른 선수들은 모두 앞으로 엎
어지면서 '정면 뛰기' 형태로 바를 넘거나, 두 다리를 먼저 가

세로 텍스트: 기구는 당연하다는 허술의 마한 깃이라 했다

18

하늘을 쳐다보며 점프하는
그를 보고 관중은 웃었다

로 막대 위로 차올리는 '가위뛰기' 형태로 바를 넘었습니다. 모두가 그것을 상식으로 알고 있었는데, 포스베리는 몸을 눕혀서 등으로 바를 넘은 것입니다.

결선에 올라와 있던 나머지 두 명의 선수는 2.20m와 2.24m 에서 각각 탈락하고, 금메달이 확정된 포스베리는 똑같은 자세로 2.24m도 마저 뛰어넘었습니다. 올림픽에서 높이뛰기 신기록이 세워지는 순간이었습니다. 불과 5년 전까지만 해도 고등학교 대회의 본선에도 오르지 못했던 그가, 어떻게 단 5년 만에 올림픽이라는 꿈의 무대에서 신기록을 세우며 단박에 금메달을 목에 걸 수 있었을까요?

높이뛰기의 혁신을 이룩한 순간

포스베리는 5년 전 지역 예선에서 탈락한 뒤 고민에 빠졌습니다. 누구보다도 열심히 연습하고 피땀 흘려 노력했음에도 불구하고 기록이 좀처럼 나아지지 않는다는 사실에 스스로 실망하고 있었지요. 포스베리의 생각에는 훈련량을 더 늘린다고 해서 기록이 나아질 것 같지 않았습니다. 그는 남과 똑같이 해서는 기록을 경신할 수 없을 것임을 직감하고 새로운 높이뛰기 기술을 개발하기로 마음먹습니다.

그러나 마음처럼 쉽게 문제가 해결되지는 않았습니다. 무엇보다도 기존의 높이뛰기 기술이 워낙 오래전부터 전해 내려오던 것이어서 '다른 기술로 과연 높이뛰기를 할 수 있을까?' 하는 의구심이 가장 먼저 들었습니다. 또 남과 전혀 다른 기술을 찾아내는 것은 쉽지 않은 일이었습니다. '새로운 기술이 과연 있기는 한 것일까?' 하는 회의감마저 들었습니다.

포스베리는 자신의 높이뛰기 기술에 대해 면밀히 분석을 시작했습니다.

'가로 막대를 넘을 때 제일 많이 닿는 곳이 발가락, 배 그리고 가슴이야. 가끔 턱이나 코가 닿아서 실패할 때도 있었어. 그렇다면 이런 부위가 안 닿도록 하는 것이 중요해. 어떤 기술로, 어떻게 뛰어야 할까?'

이렇게 고민을 거듭하던 포스베리에게 어느 날 문득 한 가지 아이디어가 떠올랐습니다.

'발가락, 배, 가슴, 턱, 코, 이것들은 모두 내 몸 앞쪽에 있는 것들이야! 그래, 바로 이거야!'

자신의 모습을 거울로 유심히 쳐다보던 포스베리가 갑자기 무릎을 탁 쳤습니다.

"그래, 그거야! 앞으로 넘지 말고, 거꾸로 넘어 보면 어떨까? 등 뒤에는 발가락도, 가슴도, 턱이나 코도 없으니까 걸릴 게 없다고!"

포스베리는 위대한 발명이라도 해낸 듯 기뻐했습니다. 포스베리는 일반적인 높이뛰기의 기술이 모두 정면으로 뛰는 기술이었음을 간파하고, 거꾸로 몸을 뒤집어 뛰어 보기로 마음먹은 것입니다. 그야말로 역발상을 통해 높이뛰기의 혁신을 이룩하

하늘을 쳐다보며 점프하는
그를 보고 관중은 웃었다

는 순간이었습니다.

포스베리의 발상에는 의외로 장점이 많았습니다. 기존의 기술들에 비해 가로 막대에 최대한 가까이 붙어서 점프할 수 있기 때문에 자신의 도약력을 최대한 이용할 수 있어서 기록 경신에 유리했습니다. 또 기존의 높이뛰기 기술은 신체의 모든 부분이 동시에 바를 넘게 됩니다. 즉 걸릴 부분이 많아진다는 이야기지요. 반면 포스베리의 기술은 도약 초반에 이미 머리와 어깨가 바를 넘어갑니다. 그 이후에 몸을 활처럼 휘어 엉덩이와 다리가 바에 걸리지 않도록만 하면 됩니다. 즉 몸이 바를 건드릴 확률이 그만큼 낮아지는 것입니다.

탁월한 창의력이 만든 올림픽 영웅

다음 해 열린 고교 대회에서 그는 신기술로 불과 1년 만에 190.5cm를 뛰어넘어 신기록을 세웁니다. 또한 1968년 미국 올림픽 선발전에서 우승하며 그해 열린 올림픽에 미국 대표로 출전하게 됩니다.

당시 어느 누구도 포스베리와 같은 자세로 바를 넘지 않았습니다. 포스베리가 이런 자세를 시도하기 이전에 높이뛰기 선수들은 오로지 정면으로만 높이뛰기를 시도했습니다. 포스베리 이전의 선수들이 시도한 기술로는 다음과 같은 것이 있습니다. 첫째, '가위뛰기'입니다. 이것은 바를 양다리로 걸터타듯이 뛰어넘는 기술입니다.

둘째, '웨스턴 롤오버'는 바 위에서 몸을 거의 눕히다시피 바깥쪽으로 돌리면서 뛰어넘는 기술을 말합니다. 셋째, '벨리롤'이 있습니다. 이 기술은 바 위에 복부가 닿지 않도록 역 V 자 자세를 취하면서 바를 넘는 것입니다. 유독 포스베리만이 등으로 바를 넘었는데, 그 자세를 등 배(背) 자를 써서 '배면(背面)뛰기'라고 일컫습니다. 서양에서는 포스베리의 이름을 본떠 '포스베리 플랍(Fosbury Flop)'이라고 부르고 있습니다.

1960년대까지만 해도 높이뛰기 코치들은 "정면을 보면서 바를 향해 머리로 돌진하라."고 가르쳤습니다. 떨어질 곳을 보면서 도움닫기를 하면 심리적으로 안정되고 바를 향해 뛰어오던 탄력 덕분에 높이 뛰어오를 수 있다고 생각했기 때문입니다. 하지만 포스베리는 이런 상식을 따라 하는 대신 몸을 거꾸로 해 등으로 바를 넘는 새로운 기술을 선보였던 것입니다. 같은 사람이 포스베리의 기술을 사용하면, 그렇지 않을 때보다 평균적으로 10cm를 더 뛸 수 있다고 합니다. 1cm 차이로 승부가 갈리는 높이뛰기 경쟁에서 10cm는 어마어마한 차이이지요.

멕시코 올림픽이 끝나고 4년 뒤에 열린 뮌헨 올림픽에서는 아쉽게도 포스베리가 선수로 뛰는 모습은 볼 수 없었지만,(토목공학을 전공한 그는 운동을 그만두고 학업과 사업에 매진했다고 합니다.) 그 대신에 포스베리 기술을 구사하는 28명의 선수들을 볼 수 있었습니다. 뮌헨 올림픽에 참가한 40명의 높이뛰기 선수 중에서

22

하늘을 쳐다보며 점프하는
그를 보고 관중은 웃었다

누구도 시도하지 않았던 방식에 도전한
포스베리에게 쏟아진 조롱,
'가장 우스꽝스러운 방법으로 딴 금메달'이라는 비난은
오늘날 '한계를 넘어선 혁신의 아이콘'이란
헌사로 바꿔었다.

무려 28명의 선수가 포스베리와 똑같은 기술로 대회에 나선 것입니다. 그 이후로 포스베리 기술은 급속히 보편화되었습니다.

한때는 많은 사람이 포스베리를 비웃었습니다. 그렇게 가당치도 않은 폼으로 어떻게 높이뛰기 선수를 하느냐며 비아냥거리기도 했지요. 심지어 시사주간지 〈타임〉에서조차 '유사 이래 가장 웃기는 방법'이라며 공식적으로 혹평하기도 했습니다. 그러나 이제는 '포스베리 기술'을 구사하지 않는 선수가 자취를 감췄을 정도로 배면뛰기는 보편화되고, 높이뛰기에서 절대적인 기술로 추앙받고 있습니다.

생각 하나 바꿨을 뿐인데, 지역 예선에서 탈락했던 그가 올림픽 금메달리스트로 탈바꿈했습니다. 탁월한 운동 능력이 아니라 탁월한 창의력이 평범한 선수로 사라질 뻔한 포스베리를 올림픽 영웅으로 만들었고, 오늘날 그는 세계 육상계의 전설이 되었습니다. 신체적 능력으로 평가되는 올림픽에서 발상의 전환으로 신체적 능력을 극복한 포스베리야말로 가장 창의적인 금메달리스트가 아닐까요? 체력의 차이가 아닌 생각의 차이가 전설적인 높이뛰기 선수, 포스베리를 만들었습니다.

2000년 이후 올림픽과 같은 공식 대회에서 포스베리 기술을 쓰지 않는 높이뛰기 선수는 현재까지 한 명도 나타나지 않고 있다고 합니다.

지금도 당연하게만 여겨지던 마법 같은 일이다

하늘을 쳐다보며 점프하는
그를 보고 관중은 웃었다

수영에서도 극적인 발상의 전환으로 인간 한계를 뛰어넘는 기록이 탄생했습니다. 1935년 아돌프 키에프는 16세의 어린 나이로 배영 100야드(91.44m) 부문에서 58.5초를 기록해 세계 최초로 1분 벽을 넘었습니다. 당시 세계적인 수영 선수 누구도 넘지 못한 마의 1분 벽을 무명의 학생이 넘어선 것입니다. 그는 1년 뒤인 1936년 베를린올림픽에서는 금메달까지 땄습니다.

그에게는 어떤 발상의 전환이 있었던 것일까요? 바로 그가 사용한 '플립턴'에 그 비밀이 있었습니다. 플립턴은 턴 지점을 1m 정도 남겨 두고 몸을 뒤집어서 발로 터치하는 기술입니다. 손으로 벽을 짚고 턴하는 기존의 기술에는 그 순간에 속도가 현저히 줄어든다는 단점이 있었습니다. 하지만 키에프는 턴 지점 앞에서 몸을 180도 회전시켜 손이 아닌 발로 턴하는 방식을 사용한 것입니다.

기존의 발상을 과감히 뒤집은 덕에 다른 선수가 속도를 줄이며 턴을 할 때 오히려 가속도를 붙일 수 있었지요. 그는 모든 선수의 꿈인 올림픽 금메달을 딴 것은 물론이고, 수영 선수의 턴하는 방식을 송두리째 바꾸어 버렸습니다. 이젠 플립턴은 모든 수영 선수가 한 사람도 빠짐없이 구사하는 기본 기술이 되었습니다.

단돈 27달러로 수많은 사람의 삶을 바꾸다

: 제도를 벗어나 개혁하다

무함마드 유누스는 미국에서 유학을 마치고 1972년 그의 고국 방글라데시로 돌아가 치타공대학의 경제학과 교수로 학생들을 가르치기 시작했습니다. 그동안 기나긴 타향살이에 지쳐 있던 유누스는 하루라도 빨리 고향으로 돌아가고 싶은 마음이 간절하던 차였습니다. 그래서 고향 근처의 대학에서 일하며 젊은 학생들과 함께 지낼 수 있게 되자 매우 흡족해했습니다. 평화롭고 안정적인 생활이 이어졌습니다. 귀국 후 2년 동안의 고국 생활은 마냥 행복하기만 했습니다. 그런데 1974년 방글라데시에 사상 최악의 기근이 몰아치면서 유누스의 삶은 송두리째 바뀌게 됩니다.

사상 최악의 흉년으로 굶기를 밥 먹듯이 하는 사람들이 넘쳐났습니다. 그런데 이런 상황에서도 유통업자들은 쌀을 사재기해 쌀값이 천정부지로 치솟았습니다. 쌀값이 치솟자 서민층은 먹을 것을 아끼고 허리띠를 졸라맬 수밖에 없었습니다. 더구나 일자리를 구할 수 없는 극빈자들의 굶주림은 극에 달했습니다. 그들은 일주일이고 열흘이고 할 것 없이 아무것도 먹지 못한 채 대책 없는 하루하루를 보냈습니다. 시간이 흐를수록 사태가 악화되자 굶어 죽은 사람들의 시체가 길거리에까지 널려 있을 정도였습니다. 눈으로 보고도 믿기지 않는 사태를 바라보는 유누스는 혼란스러웠습니다.

"내가 대학에서 가르치는 경제학 이론이 실제로는 아무짝에도 쓸모가 없구나! 굶주림에 죽어 가는 사람이 거리에 넘쳐나는데, 저들을 배불리기 위해 공부한 경제 지식이 정작 저 사람들에게 한 끼 식사조차도 제공할 수 없는 것이라니……."

유누스는 현실에 분노하고 자신의 무능력을 부끄러워할 수밖에 없었습니다. 그는 하루하루가 괴로웠습니다.

단돈 27달러로 42명의 삶을 바꾸다

그러던 그는 어느 날 마을에서 도회지로 인력거를 끌며 사람과 짐을 나르는 남자를 만났습니다. 유누스가 물었습니다.

"인력거를 끌면 하루에 얼마나 벌 수 있습니까?"

"돈을 벌면 뭐 합니까? 어차피 내 돈이 아닌데……."

"아니 그게 무슨 말입니까? 내 돈이 아니라니요?"

유누스는 의아했습니다. 남자가 말을 이었습니다.

"이 인력거는 제 것이 아닙니다. 주인은 따로 있고 임대료를 내고 빌린 것입니다. 저는 1년에 임대료로 2500타카(1970년대 당시 약 620달러)를 내는데, 매일 조금씩 나누어 냅니다. 2500타카면 이 인력거를 살 수 있는 돈입니다. 매일매일 주인에게 임대료를 주고 나면 겨우 하루 먹고 살기에도 빠듯합니다."

유누스는 인력거 소유주의 착취 속에서 가난을 쉽게 벗어날 수 없는 인력거꾼의 이야기를 듣고 고뇌에 잠겼습니다. 그리고 얼마 되지 않아 이 남자와 비슷한 처지에서 비참하게 살아가는 여성들의 삶도 알게 됩니다. 마을에서 수공업으로 생계를 이어가는 한 여자가 고리대금업자에게 괴롭힘당하는 장면을 목격한 것입니다. 깡패처럼 보이는 업자는 여성에게 한참 동안 행패를 부렸고, 여성은 무엇을 잘못했는지 고개를 숙이고 잘못을 빌었습니다. 주변 사람들의 만류로 업자는 이내 씩씩거리며 못 이기는 척 그곳에서 사라졌지만, 유누스는 그것이 수공업으로 일을 하기 위해 빌린 초기 자본금 856타카(당시 약 27달러) 때문에 일어난 일이라는 데 충격을 받았습니다. 초기 자본금 27달러만 있으면 일거리를 받을 수 있는데, 그 사람은 27달러를 마련할 길이 없어서 고리대금업자에게 돈을 빌렸고, 원금과 이자를 제때 갚지 못해 노예처럼 굽실거리며 살고 있었던 것입니다.

그 여성은 은행에서 대출을 받아 보려고 했으나 번번이 거절을 당했습니다. 직업도 없고, 고정 수입도 없으며, 무엇보다

단돈 27달러로 수많은 사람의
삶을 바꾸다

은행에 맡길 담보조차도 없는 사람에게 은행의 문턱은 높기만 했습니다. 은행은 철저하게 부자의 편이었습니다. 결국 그녀가 기댈 곳은 고리대금뿐이었습니다.

"은행은 돈을 가진 자에게만 돈을 빌려 주는 곳입니다. 돈이 없는 자에게는 돈을 빌려 주지 않아요."

여자는 목이 메어 오는 듯 울먹이며 말했습니다. 여자로부터 자초지종을 들은 유누스는 방글라데시의 금융 체계가 어떤 문제점을 가지고 있는지 깨달았습니다. 자신이 조국을 위해 해야 할 일은 대학에서 강의를 하는 것이 아니라 다른 어떤 것에 있음을 직감한 것입니다. 유누스는 지갑에서 27달러를 꺼내 그 여성에게 건넸습니다.

"이 돈으로 우선 고리대금부터 갚으세요. 그리고 이 돈은, 당신이 돈을 벌게 되면 천천히 갚아도 됩니다."

여자는 눈물을 글썽이며 거듭 감사의 인사를 전했습니다. 그녀에게는 정말로 요긴한 27달러였습니다.

"네, 감사합니다. 정말로 감사합니다. 열심히 일하면 얼마 지나지 않아 금방 갚을 수 있어요."

유누스는 며칠 동안 마을 곳곳을 돌아다니며 이와 같이 사정이 절박한 여성들을 찾아 총 42명에게 각각 27달러를 건네주며 고리대금을 갚도록 도왔습니다. 그런데 유누스 자신도 반신반의했던 일이 일어났습니다. 몇 달이 지나지 않아 유누스에게 27달러를 제공받은 마을 아낙네들이 며칠 간격을 두고 하나둘 유누스를 찾아와 돈을 갚기 시작한 것이었습니다.

"당신이 지원해 준 27달러 덕택에 고리대금을 갚고 나니, 높은 이자를 내지 않아도 되어서 돈을 벌기가 훨씬 쉬워지고 가정 형편도 조금씩 나아지고 있어요. 감사합니다."

단돈 27달러가 42명의 삶을 변화시킬 수 있음을 확인하는 순간이었습니다. 유누스의 삶도 이때부터 방향을 틀게 됩니다.

잘못된 규칙을 새롭게 바꾸다

유누스는 방글라데시의 한 은행으로 달려갔습니다. 유누스는 신분을 밝히고 자신의 경험을 바탕으로 은행 측에 서민들을 위한 대출 제도를 호기롭게 제안했습니다.

"정작 돈이 필요한 사람은 부자들이 아닙니다. 가난한 사람들에게도 대출을 해 주십시오."

"그건 좀 곤란합니다."

"부자와 달리 가난한 사람들에게 돈을 빌려 주지 않는 이유가 뭐죠?"

"그야 가난한 사람들은 담보가 없으니까요."

"당장은 돈이 없을망정 약속한 날까지 돈만 갚으면 되지, 왜 담보가 있어야 합니까?"

"대출자가 돈을 갚지 못할 경우를 대비해 반드시 은행에 담보를 맡겨야 합니다. 그것이 은행의 규칙입니다."

"……."

단돈 27달러로 수많은 사람의 삶을 바꾸다

은행의 현실을 몸소 느낀 유누스는 은행 문을 나서며 새로운 각오를 합니다.

'그것이 규칙이라면, 내가 규칙을 바꿔야겠군.'

1976년부터 유누스는 직접 은행에서 대출을 받아 그 돈으로 가난한 사람들을 더 많이 찾아다니며 소액으로 대출을 시행하는 실험에 나섭니다. 그가 만든 새로운 대출 규칙은 세 가지였는데, 이 세 가지를 모두 갖춘 자에게만 대출받을 자격을 주기로 합니다. 규칙은 다음과 같습니다.

첫째, 소득과 재산이 하위 25% 미만이어야 함.

둘째, 담보는 없어도 됨.

셋째, 150달러 이상의 대출은 안 됨.

이 규칙은 중상위 계층에게는 돈을 빌려 주지 않겠다는 원칙과 무담보 소액 대출의 원칙을 천명한 것이었습니다. 돈이 필요한 사람은 누구나 가난하다는 것만 증명하면 돈을 빌릴 수 있게끔 한 것입니다. 이 소액 대출을 받은 서민들은 송아지, 손수레, 재봉틀, 농기구 등을 구입해 빈곤에서 벗어나려고 노력했고, 그 결과 유누스가 이 실험을 거치는 동안 무려 500여 가구가 절대 빈곤 상태에서 벗어났습니다. 유누스는 이 프로젝트의 성공을 바탕으로 1983년, 드디어 법인으로 은행을 설립해 방글라데시 전국의 빈민들을 대상으로 대출을 시행하기에 이릅니다. 은행의 이름은 소박하게 그라민 은행으로 정해졌는데,

'그라민'은 방글라데시 말로 '마을, 시골'이라는 뜻입니다.

이렇게 시작한 유누스의 '시골 은행'은 시간이 지날수록 입소문을 타고 크게 번성했습니다. 설립 이래로 몇십 년이 지난 현재 전국에 1,000여 개, 전 세계적으로는 2,000개가 넘는 지점을 갖춘 거대 은행으로 발전했습니다. 심지어 '신 나는 조합'이라는 이름으로 그라민 은행의 한국 지부도 생겨났고, 이와 유사한 무담보 소액 대출 운동이 현재 37개국에서 일어나고 있습니다. 그뿐만이 아닙니다. 미국이나 영국같이 금융업이 발달한 나라에서도 너나 할 것 없이 그라민 은행의 시스템을 본받아 새로운 미래 금융 모델을 창출하려고 애쓰기 시작했습니다.

인간에 대한 신뢰를 담보로 한다

그라민 은행의 성공이 늘어난 지점 수만으로 증명되는 것은 아닙니다. 담보를 요구하지 않았으며, 돈을 갚지 않는다고 해서 법적 책임을 묻지도 않았던 대출금의 회수율은 과연 어느 정도나 되었을까요? 놀랍게도 회수율은 99% 가까이 되었고, 소액의 이자만을 받았음에도 불구하고 은행은 이미 1993년부터 흑자로 돌아섰습니다. 그라민 은행의 이러한 시스템은 기존의 은행과 정반대입니다. 그런데도 다른 은행이 거두지 못한 성과를 거두고 있다는 점에 우리는 주목해야 합니다.

첫째, 이윤을 추구하는 기업의 본능을 좇지 않고 공공적 기

32

단돈 27달러로 수많은 사람의
삶을 바꾸다

능을 위해 만들어진 은행이라는 것에서부터 차별화가 이루어졌습니다. 둘째, 무엇보다도 대출금의 회수를 안정적인 담보물에 기대지 아니하고, 눈에 보이지 않는 인간의 '믿음'에 기초했다는 것은 놀라운 발상의 전환입니다. 셋째, 담보를 확보하는 대신 돈을 갚을 수 있는 능력을 키워 주고, 그 능력을 토대로 돈을 벌어서 나중에 대출금을 갚도록 한 것 역시 기존 은행 시스템에서는 상상하기 어려운 조건이었습니다.

　유누스의 새로운 발상은, 일반 금융기관으로부터 금융 서비스를 받을 수 없는 빈곤 계층에 소액 대출과 여타의 지원 활동을 제공하는 현대의 '마이크로 크레디트 시스템'의 원조가 되었습니다. 빈민들에게 담보 없이 소액 대출을 제공해 세계 빈곤 퇴치에 이바지하고, 여성을 비롯한 사회적 약자를 보호한 공으로 유누스 그라민 은행 총재는 2006년 노벨평화상을 수상하게 됩니다.

※ 우리 사회에 오래전부터 존재하는, 혹은 자신이 자주 접하는 규칙 중에서 하나를 골라 자신만의 관점으로 새롭게 바꾸어 봅시다. 그렇게 바꾸면 좋겠다고 생각한 이유에 대해서도 이야기해 봅시다.

Story 3

에디슨과 테슬라,
두 천재의 차이

; 권위에 무릎 꿇지 않다

진나라 환관 조고의 이야기로 시작하고자 합니다. 진시황제가 사망하자, 조고는 거짓 조서를 꾸며 가장 유력한 후계자였던 태자 부소를 죽이고 어린아이에 불과해 마음대로 다루기 쉬웠던 호해를 황제로 추대했습니다. 조고는 호해를 꼭두각시로 세워 두고 자신이 국가의 권력을 거침없이 휘둘렀지요.

어느 날 조고가 자신과 뜻을 같이하지 않는 신하들을 제거하기 위해 사슴 한 마리를 호해에게 바치면서 "이것은 말입니다."라고 말합니다. "그것은 말이 아니고 사슴"이라고 사실대로 말하는 신하들은 조고에 의해 죽음을 면치 못했습니다. 그러자 주변에 서 있던 신하들은 권력의 실세인 조고의 말을 따라 앞다투어 사슴을 말이라고 답했습니다. 여기서 고사성어 '지록위

34

마(指鹿爲馬)'가 유래한 것입니다. 이 고사성어는 설령 권위와 권력에 맞서는 것이 정의로운 일이거나 혹은 진실된 일이더라도 나약한 인간이 자신보다 우위에 있는 권위와 권력에 맞서는 것이 얼마나 어려운지를 시사합니다.

이러한 예가 머나먼 역사 속에서 찾아야 할 만큼 찾기 어려운 것은 아닙니다. 사람들은 학교에서 선생님과 교수님의 권위에 침묵하고, 군대나 회사에서는 선임병과 직장 상사의 권위와 권력에 굴복하기도 합니다. 선배님과 윗어른들의 말씀에 토를 달지 않는 것이 전통처럼 여겨지는 일상을 살고 있기도 하지요. 이렇게 억압적인 환경에서는 창의성이 발현되기 어려울 것입니다.

절대적인 진리를 추구해야 하는 과학자라고 해서 사정이 다른 것은 아닙니다. 1613년 프톨레마이오스의 천동설을 부정하고 코페르니쿠스의 지동설을 지지하는 편지를 출판했던 갈릴레이는 종교재판에 회부되었습니다. 신변의 위협을 느낀 갈릴레이는 결국 법정에서 자신의 양심에 반하는, 지동설을 부정한다는 맹세를 해야 했습니다. 천동설의 권위가 지배하던 당시의 권력은 가톨릭 교황에게 있었기 때문입니다. 천동설의 권위와 교황의 권력 앞에 갈릴레이가 과학자의 양심을 지키기엔 역부족이었던 것이지요. 이렇게 권력이나 권위를 힘없는 개인이 넘어서는 것은 쉬운 일이 아니지만, 그럼에도 불구하고 그 힘에 굴복하지 않고 새로운 길을 개척하는 사람들이 있습니다.

에디슨의 권위에 기죽지 않다

'발명의 왕'이라 불리며 세계 최초로 전구를 발명해 '밤을 밝히는 혁명'을 몰고 온 에디슨은 1882년의 자신의 이름을 딴 전등회사를 차릴 정도로 상당한 부를 축적하고 사회적 지위도 얻었습니다. 한편 어릴 때부터 다방면에 천재적인 재능이 많았던 예비 공학자 테슬라가 파리에 갔다가 대낮처럼 밝은 파리 시내를 보고 깜짝 놀라게 됩니다. 당시 파리는 에디슨의 직류 시스템을 이용한 전구로 저녁에도 거리가 환하게 밝았고, 테슬라는 파리의 전기에 매혹되고 말았지요. 테슬라는 수소문 끝에 미국으로 건너가 에디슨 전등회사에 들어가기로 마음먹습니다. 재능이 많았던 테슬라는 수준 높은 전기 지식과 더불어 불어와 독일어에도 능통해 에디슨 전등회사에 어렵지 않게 입사할 수 있었습니다. 그리고 에디슨의 제자가 되어 중요한 연구와 실험을 도맡아 하게 되었지요.

당시 명성이 자자했던 에디슨의 회사에 입사한 것도 영광인데, 에디슨 곁에서 일할 수 있는 기회까지 얻자 테슬라는 기대에 부풀었습니다. 파리에서 미국까지 부푼 꿈을 안고 날아온 보람을 느꼈지요. 테슬라는 에디슨의 가르침대로 열심히 일했습니다. 특히 테슬라는 당시 에디슨의 직류 시스템이 가진 단점을 개선하기 위해 노력하고 있었습니다. 에디슨이 개발한 직류 시스템은 전압의 변경이 어렵고, 대용량 전기를 사용하기에도 적합하지 않았습니다. 무엇보다도 멀리까지 전송하기가 어

에디슨과 테슬라, 두 천재의 차이

럽다는 단점이 있었습니다.

어느 날 에디슨이 연구에 몰두하고 있는 테슬라에게 다가와 지나가듯 말했습니다.

"만약 자네가 직류가 가진 문제점을 해결한다면 보너스로 5만 달러를 주겠네."

테슬라는 에디슨의 말에 가슴이 뛰었습니다. 보너스를 받기 위해서가 아니라, 스승에게 자신의 실력을 보여 주고 싶어 그 날부터 밤잠을 설쳐 가며 연구에 돌입했습니다. 그러던 중 테슬라는 밤샘 연구에 지쳐 머리를 식힐 겸 공원을 찾았습니다. 공원을 거닐면서도 그의 머릿속은 전기에 대한 생각으로 가득 차 있었지요. 그렇게 산책 아닌 산책을 하던 테슬라는 머릿속에 무엇이 떠올랐는지, 갑자기 그대로 주저앉아 공원 모래 바닥에 나뭇가지로 무엇인가를 그려대기 시작했습니다.

"그래, 찾았다! 바로 이거야!"

테슬라는 한 치도 지체하지 않고 실험실로 뛰어갔습니다. 마침내 테슬라가 직류 시스템의 단점을 보완할 교류 시스템을 발견하는 순간이었습니다. 테슬라는 자신의 생각을 잘 정리해 에디슨을 찾아가서 의기양양하게 말했습니다.

"스승님께서 말씀하신 작업이 지금 막 끝났습니다. 약속하신 보너스는 언제 주실 건가요?"

자신의 제자이자 부하 직원이었던 테슬라의 설명을 들은 에디슨은 적잖이 당황했습니다. 그러나 아무렇지 않은 척 이렇게 대답해 버리곤 뒤돌아서서 실험실을 나가 버렸습니다.

"내 말은 조크였네. 자네는 아직도 미국식 유머를 모르는군."

에디슨은 테슬라와의 약속을 의도적으로 모른 체한 것입니다. 테슬라가 새롭게 제안한 교류 시스템으로 직류 시스템을 일부 보완할 수도 있었지만, 에디슨은 교류 시스템에 매우 위험스러운 요소가 있다고 생각했습니다. 그렇지만 무엇보다도 에디슨이 테슬라의 이야기를 묵살한 데는 다른 우려가 있었습니다. 어쩌면 테슬라의 아이디어 때문에 그동안 직류 시스템에 엄청나게 투자한 사업비를 날릴 수도 있다고 생각한 것입니다. 교류 시스템의 유지 비용이 저렴해 대단히 효율적이라는 것을 부인할 수는 없었습니다. 비싼 단가 때문에 당시 일반인들이 섣불리 사용할 수 없었던 직류 전기에 비해, 테슬라가 제안한 교류 전기는 훨씬 작은 비용으로 높은 효율을 낼 수 있었으니까요. 머지 않은 장래에 전기의 보편화를 불러올 수 있을 정도로 획기적인 아이디어였지요. 그러나 이미 직류 전기 시스템에 투자를 많이 해 놓은 에디슨은 교류로 전환하자는 테슬라의 제안을 순순히 받아들일 수가 없었습니다.

테슬라는 굴하지 않고 자신의 스승이자 직장 상사인 에디슨을 설득하려고 애썼습니다. 테슬라는 곧 '교류 유도 전동기'를 제작해 작동 원리에 대해 에디슨에게 설명했고, 직류 전기가 1마일 이상의 먼 거리에 전기를 전송시키지 못하는 단점을 극복할 수 있다고 설득해 보기도 했습니다. 그러나 에디슨은 교류 전기에 대해 민감한 거부 반응을 보이기 일쑤였습니다.

"나는 교류에는 전혀 관심이 없네. 교류 시스템에 괜한 시간

에디슨과 테슬라,
두 천재의 차이

낭비하지 말게. 결정적으로 내가 만든 직류는 안전하지만 교류는 너무 위험하지 않은가. 그것은 죽음의 전류일세."

에디슨 밑에서 배움을 얻기 위해 그의 제자로 일했던 테슬라는 결국 에디슨에게 크게 실망하고 자신이 만든 교류 유도 전동기를 들고 나와 1887년에 회사를 설립합니다. 이른바 '테슬라코일'의 발명을 완성한 것이지요. 그 후 테슬라는 교류 시스템을 더욱 활발히 내세웠고, 그의 발명품과 아이디어에 매료된 웨스팅하우스라는 회사가 테슬라와 전격 계약을 하게 되었습니다. 테슬라가 웨스팅하우스와 계약했다는 소식을 들은 에디슨은 격분했습니다.

"지금 테슬라는 나에게 명백한 도전을 하고 있다."

에디슨은 교류 시스템의 위험성을 알리는 자료들을 제작해 배포하기 시작했습니다.

"교류 시스템은 많은 사람을 죽음으로 내몰 것입니다."

아울러 에디슨은 고전압 송전으로 손실을 줄이는 교류의 장점을 원천적으로 차단하기 위해, 송전압을 800V 이하로 제한하는 법을 만들어 달라고 관계 당국에 로비를 펼치기까지 했습니다.

테슬라와 손잡은 웨스팅하우스도 가만히 앉아 당할 수만은 없었습니다. 웨스팅하우스는 테슬라가 몇백만 볼트의 전기 불꽃 밑에 앉아서 책을 읽고 있는 사진을 공개함으로써 일반인들에게 '교류가 위험하지는 않다.'는 생각을 심어 주면서 반격을 가했습니다. 이로써 교류의 위험성 논란에 종지부를 찍는 듯했지요. 테슬라의 교류 시스템은 서서히 시장에서 그 명성을 넓혀 가기 시작했습니다.

1887년 말 에디슨은 맨해튼의 외곽 지역에 121개의 직류 중앙 발전소를 건설했습니다. 그러나 에디슨은 몇 년째 해결하지 못한 난관으로 고심하고 있었습니다. 직류 발전소를 설치했을 때 반경 1마일 밖에서는 전기를 사용할 수 없었기 때문입니다. 그 이상 떨어진 곳에 전기를 보내려면 더 높은 전압이 필요한데, 비싼 구리 값 때문에 수지타산이 맞지 않았던 것이지요. 이와는 대조적으로 교류 발전소는 단 한 개만으로도 마을 전체에 전기를 골고루 보낼 수 있었습니다. 에디슨은 직류 시스템의 운명이 위기에 처했음을 직감하고 웨스팅하우스를 향한 적의를 계속해서 키워 나갔습니다.

결국 에디슨이 준비한 마지막 공격은 사형 집행에 쓰일 전기의자를 고안, 테슬라의 교류 시스템으로 사형수를 죽이겠다는 계획이었습니다. 에디슨은 이렇게 주장했습니다.

"교류 전기는 사람이 접촉만 해도 사망하기 때문에 사형수를 위한 전기의자에 적합합니다."

얼마 지나지 않아 매스컴을 통해 뉴욕 주 교도소 당국자의 발표가 이어졌습니다.

"교수형 대신 미국 역사상 최초로 전기를 이용해서 사형을 집행하겠습니다."

전기의자를 통한 사형 집행이 예정된 1890년 8월 6일. 많은 사람들이 전기의자 사형에 폭발적인 관심을 보였습니다. 에디

에디슨과 테슬라,
두 천재의 차이

슨은 회심을 미소를 지었습니다.

"이제 교류는 살인자의 전기로 기록될 것이다."

하지만 전기의자를 사용한 사형은 실패하고 말았습니다. 사형수가 죽지 않은 것입니다. 이로 말미암아 에디슨의 주장은 여론의 의구심만 불러일으키고 맙니다.

특허권의 양도, 진정한 창조가의 결단

이로써 직류와 교류의 대결은 테슬라 쪽으로 기울기 시작했습니다. 여기에 에디슨의 권위에 아랑곳하지 않은 테슬라가 이 대결에 최종적으로 마침표를 찍습니다. 바로 자신이 가지고 있던 특허권을 양도한 것입니다. 테슬라는 교류 시스템에 대한 특허 전부를 가지고 있었는데, 자신과 계약한 웨스팅하우스가 자금 압박을 받자 특허권을 웨스팅하우스에서 마음대로 쓸 수 있도록 무상으로 넘겨줍니다. 그때 그가 남긴 말은 다음과 같았습니다.

"내가 특허권을 회사에 기부하는 대신 당신들은 많은 사람들에게 값싼 전기를 공급하시오."

이후 테슬라는 꾸준히 연구에 매달렸고 생을 마감할 무렵에는 빈털터리가 될 정도로 돈에는 전혀 욕심이 없었습니다. 그런 희생 덕분에 값싼 전기를 보급하겠다는 그의 꿈은 머지않아 이루어지게 되었지요.

테슬라가 개인의 이익을 과감히 버린 덕분에 교류 전기는 전 세계에서 널리 쓰이게 되었습니다. 테슬라가 특허권을 포기하면서 커다란 경제적 손해를 본 것처럼 보일 수도 있을 것입니다. 그러나 그는 전 세계 전기의 표준을 세움으로써 그로부터 다양한 경제적 부가 가치를 창출한 진정한 창조가였다고 할 수 있습니다.

테슬라는 교류 전기뿐만 아니라 최근 스마트폰 기술에서 화제가 되고 있는, 무선으로 전력을 송신하는 기술을 개발하기도 했습니다. 그뿐만이 아닙니다. 지구 반대편까지 이를 송신할 수 있는 시스템을 설계하기도 했지요. 또 태양 복사에 의해 이온화된 대기가 존재하는 지구 전리층에서 일어나는 공진 현상을 이용해 전력을 수신하는 시스템도 고안했습니다. 공진 현상이란 외부에서 들어오는 진동이나 신호를 통해 어떤 특정 주파수의 진동이나 신호가 강해지는 것인데, 만약 이 시스템의 실용화가 가능했다면 지구상의 거의 모든 전력을 지구 전리층에서 무료로 얻어 쓸 수 있는 장이 열렸을지도 모릅니다. 배터리 없이 작동하는 무선 전기 자동차를 최초로 발명한 사람 역시 테슬라였습니다.

테슬라는 그 밖에도 다양한 연구로 지구에서 어떻게 지속 가능한 에너지를 획득하고 이를 많은 사람과 공유할지를 고민했던 인물입니다. 그는 당대의 가장 중요한 문제였던 가난과 교육, 세계 평화를 위해 기술이 어떤 역할을 해야 하는가를 보여 줬습니다. 그가 가졌던 꿈은 에디슨의 그것과는 너무나 달랐습니다.

에디슨과 테슬라, 두 천재의 차이

테슬라는 권위에 굴복하지 않는 패기와
개인의 이익보다는
더 많은 사람의 이익을 생각한 결단력으로
스승 에디슨을 넘어설 수 있었다.

테슬라의 창의적인 능력은 어디에서 나왔을까요? 당대의 거물이자 자신을 고용한 고용주였으며 스승이기도 했던 에디슨의 권위에 굴복하지 않고, 그의 권력에 과감히 맞서 자신의 아이디어를 실현시킨 패기가 그 원동력은 아니었을까요?

에디슨은 일생 동안 1,000여 종이 넘는 발명 특허를 등록했으며, 특히 전구를 발명함으로써 인류 역사에 커다란 혁신을 가져왔습니다. 그의 전성기는 테슬라를 만나기 직전까지였습니다. 에디슨은 임종에 이르러 자신의 아들에게 이렇게 고백했다고 합니다.

"내 인생의 가장 큰 실수는 직류를 교류로 전환하지 않은 것이야."

그는 죽음이 눈앞에 다가와서야 테슬라가 발명한 교류 전기의 우수성을 인정하고, 자신의 잘못을 반성했던 것이지요.

※ 다음 중 하나를 골라 말해 봅시다.

(1) 선생님, 부모님, 선배가 낸 아이디어에 이의를 제기한 경험
(2) 모두가 '예스'라고 할 때, 혼자서 '노'라고 말한 경험
(3) 남들이 모두 당연하다고 여기는 것에 의문을 제기한 경험

나사 모양 하나가 일으킨 위대한 변화

: 일상에서 시작하다

　19세기 말 미국 오리건 주에 있는 어느 한적한 시골 마을. 헨리라는 학생이 아버지의 임종을 지키고 있었습니다. 헨리의 아버지는 오랫동안 폐병을 앓아 왔습니다. 사람들이 헨리 아버지의 병을 두고 '못 먹어서 생긴 병'이라고 할 만큼 헨리네 집안 사정은 어려웠습니다. 헨리네 식구들은 이미 며칠 동안 빵 한 조각과 멀건 수프로 겨우 끼니를 이어 가고 있었습니다. 그의 아버지는 시골 외딴 마을에서 변변한 일거리도 없이 날품팔이로 연명하다가 오래전부터 병을 앓아 왔기 때문에 집안 사정이 말이 아니었습니다.

　"헨리, 미안하구나. 아버지가 이렇게 먼저 가게 되어서……이제 네가 우리 집의 가장이다."

아버지는 마지막 유언을 남기고 세상을 떠났습니다. 어린 헨리는 슬퍼 울었지만, 마냥 슬픔에 잠겨 있을 수만은 없었습니다. 사실 헨리는 어려서부터 가난해서 학교도 제대로 다닐 수 없는 처지였습니다. 겨우 중학교에 진학했지만 너무 가난했던 터라 교과서마저 친구들에게 겨우 빌려서 공부했을 정도였지요. 아버지가 돌아가신 뒤 헨리는 가족을 책임져야 한다는 생각에 학교를 그만두기로 결심합니다. 중학교를 채 마치기도 전에 학업을 포기해야만 하는 그의 사정을 딱하게 여긴 교장 선생님이 장학생으로 추천해 주겠다며 말렸지만 가족을 위해 취직을 하겠다는 헨리의 의지를 꺾지는 못했습니다.

평소 똑똑하고 성실한 헨리를 아끼던 교장 선생님은 그에게 일자리를 하나 마련해 주셨습니다.

"헨리, 학교를 그만두게 되었다니 참 애석하구나. 혹시 전파상에서 일해 보지 않겠니?"

"네? 전파상이요?"

"그래, 풍족하지는 않지만 네가 먹고살 만큼의 벌이는 될 거야."

"감사합니다. 열심히 일할게요."

"헨리, 너라면 잘할 수 있을 거야. 내가 추천서를 하나 써 주마. 그걸 가지고 가거라."

교장 선생님은 진심으로 헨리를 돕고 싶은 마음에 손수 추천서를 써 주셨습니다.

헨리는 곧 인근 마을에 있는 전파상에 견습공으로 취직을 했고, 청소는 물론 온갖 잔심부름까지 도맡으며 성실히 일한

작은 발명가는 커다란 마침 정이라 있다

나사 못 하나가 일으킨
위대한 변화

덕분에 주인의 총애를 받기 시작했습니다. 헨리가 더 즐겁게 일할 수 있었던 것은 일하는 틈틈이 어깨 너머로 기술을 배울 수 있었기 때문입니다. 고되고 힘든 나날이었지만 헨리에게는 새로운 희망이 싹트고 있었습니다.

일상의 불편이 위대한 발명으로

어느 날 그에게 기회가 찾아왔습니다. 헨리가 일하는 전파상에 있던 기술자가 다른 곳으로 이직을 하게 된 것입니다. 그 당시 전파상에서는 경력이 많은 기술자 한 사람이 여러 명의 견습공을 데리고 일하고 있었는데 그 기술자가 갑자기 그만두자 업무에 공백이 생겨 버렸습니다. 전파상 주인은 견습공 가운데 가장 성실하게 일해 왔고, 기술력 역시 뛰어난 헨리를 기술자로 승진시킵니다.

헨리의 재능은 이때부터 발휘되기 시작했습니다. 수많은 제품을 수리하면서 그의 기술이 꽃을 피웠고, 전파상 주인도 그의 실력에 만족해했지요. 그렇게 열심히 일하던 헨리에게 고민거리가 하나 생겼습니다. 전파상에서 수리하는 제품 중에 가장 많은 것이 라디오였는데, 라디오를 수리하려면 수없이 분해하고 조립해야만 했습니다. 그런 작업을 반복하다 보면 나사가 헐거워져서 애를 먹곤 했지요. 특히 나사 머리 부분의 일(一)자 홈이 무뎌지거나, 심한 경우 홈이 아예 없어져서 드라이버로 나사를 조이거나 푸는 것이 불가능해질 때가 많았습니다.

"나사의 홈이 닳아서 라디오를 뜯을 수도, 다시 조립할 수도 없게 되었으니 이를 어쩌면 좋지?"

헨리는 난감했습니다. 라디오뿐만 아니라 전파상에서 취급하는 모든 제품에는 나사못이 있었습니다. 그런데 홈이 무뎌진 나사못은 빼내기가 참 힘겨웠습니다. 헨리는 고민 끝에 닳아버린 나사못에 새롭게 일자 홈을 직접 파서 작업을 하기 시작했습니다. 그런데 이렇게 작업을 하다 보니 라디오를 수리하는 시간보다 나사에 홈을 파는 시간이 두세 배 더 걸리는 적이 많았지요.

"나사못을 처음 만들 때 홈을 좀 깊게 파거나, 아니면 좀 단단한 금속을 사용해서 잘 마모되지 않도록 튼튼하게 만들면 좋을 텐데……."

헨리는 나사못에 대한 생각이 머릿속에서 떠나지 않았습니다. 그러던 어느 날 이런 생각을 하게 됩니다.

'일자 홈은 홈이 하나라서 나사못에 걸리는 힘이 한 군데에만 집중되기 때문에 홈이 금방 닳아 없어지는 것 아닐까? 그러니까 홈을 두 개 파서 나사못에 가해지는 힘을 분산시키면 나사못의 내구성이 더 좋아질 수도 있겠는걸.'

헨리는 손뼉을 치며 좋아했습니다.

'바로 그거야! 홈을 가로세로 다른 방향으로 내서 십(十)자 모양으로 파면 나사못에 가해지는 힘이 두 배 이상으로 늘어나니까 나사못이 훨씬 잘 박힐 거야.'

작은 발명가로는 허름한 마을 전파상 청년

48

나사 모양 하나가 일으킨
위대한 변화

헨리의 생각은 가지에 가지를 치며 이어졌습니다.

'홈을 하나 더 늘리면, 나사와 드라이버가 닿는 접촉 면적이 늘어나지. 그렇게 하면 적은 힘으로도 나사못을 쉽게 박을 수 있겠어!'

헨리는 즉시 나사못에 가로세로로 홈을 파고 십자 홈을 완성시켰습니다. 그리고 드라이버의 일자 날을 제거하고 십자 드라이버 날을 제작하기에 이릅니다. 십자 드라이버를 가지고 십자 홈이 그어진 나사못에 작업을 해 보니 효과는 기대 이상이었습니다. 나사못 머리의 마모가 훨씬 덜해진 것은 물론이고, 나사못을 빼고 박는 데 걸리는 시간도 단축되었습니다. 작업 능률이 월등히 높아지자 헨리의 발명품이 입소문을 타고 빠르게 퍼져 나가기 시작했습니다. 이윽고 전파상 기술자였던 헨리는 자신이 개발한 십자 홈 나사못과 십자 드라이버를 생산해 판매하기 시작합니다. 이 사람이 바로 1907년 십자 홈 나사못과 십자 드라이버를 발명해 현재까지도 '십자 홈 나사못의 아버지'로 불리는 헨리 필립스입니다.

작은 홈 하나로 세상을 바꾸다

그 후에 헨리는 발명가였던 톰슨의 연구를 활용해 더 개량된 형태의 십자 홈 나사못을 설계했습니다. 1933년 마침내 자신의 이름을 딴 '필립스 스크루 사'를 설립했고 1934년과 1936

년 사이에 다섯 개의 미국 특허를 취득하면서 그의 십자 홈 나사못과 드라이버가 전 세계적으로 퍼지게 됩니다. 더욱이 1937년부터 미국의 자동차 회사 제너럴 모터스에서 자동차 조립에 십자못을 사용하게 되면서 그의 사업은 날개를 단 듯 번창하기 시작했습니다.

사실 헨리가 십자 홈을 발명하기 수십 년 전부터 사각형 홈이나 육각형 홈을 가진 나사못이 이미 제작되었습니다. 그런데 헨리의 십자 홈이 그것들보다 널리 쓰일 수 있었던 것은 자동차 산업의 폭발적 발전과 관련이 깊습니다. 자동차 산업의 발전은 생산 설비의 자동화와 기계화에 힘입은 바 큽니다. 그런데 헨리의 십자 홈 나사못은 드라이버와 나사못 머리의 정중앙이 쉽게 맞닿을 수 있도록 구조화되어 있고, 고속으로 회전을 해도 잘 빠지지 않을 정도로 드라이버와 나사못의 접합력이 탁월해 자동화나 기계화에 적합했던 것입니다.

헨리의 나사못과 드라이버가 성공한 이후로, 그 아성에 도전하는 다양한 형태의 나사못이 등장했습니다. 별 모양의 홈을 가진 나사못, 팔각형 홈을 가진 나사못 등 수많은 형태의 나사못이 도전장을 내밀었으나 아직도 십자 홈 나사못이 가진 기능을 압도하는 나사못과 드라이버는 나타나지 않았습니다. 그만큼 100여 년 전 헨리가 발명한 십자 홈 나사못이 탁월한 제품이라고 할 수 있겠지요? 지금도 미국 공구상에 가서 '십자 드라이버'를 달라고 하는 것보다 '필립스 드라이버'를 달라고 하면 더 쉽게 알아들을 정도로 그의 명성은 100년이 넘도록 이어지

나사 모등 하나가 일으킨
위대한 변화

고 있습니다.

　생활 속의 작은 불편을 해소하려고 고민하던 수리공이 나사못에 홈 하나를 더 팠을 뿐인데, 그 작은 홈 하나가 세상을 바꿨습니다. 지금은 세계의 거의 모든 전자 제품과 기계 설비에 십자 홈 나사못이 쓰입니다. 거창한 아이디어나 복잡한 메커니즘의 첨단 기술만이 세상을 바꿀 수 있는 것은 아닙니다. 헨리의 시작은 작은 홈 하나였을 뿐인데, 그 홈이 미친 파급력은 그야말로 위대했으니까요.

※ 이 광고는 우리가 일상적으로 보는 기존의 광고판에 작은 변화를 주어 큰 효과를 거두는 창의적인 광고가 되었습니다.
어떤 변화를 주었는지 말해 봅시다.

총과 전투기가 없는 게임은 지루하다고?

: 쉼 없이 생각하고 열중하다

"땡따라땡~ 땡따라 땡따라땡."

어디선가 많이 들어 본 러시아 전통 민요 가락이 전자음으로 요란하게 울리면 성 바실리 성당 위로 축포가 터집니다. 그리고 한 판이 끝날 때마다 러시아 병정은 재미있는 춤을 춥니다. 이것은 과연 무엇에 대한 설명일까요?

바로 남녀노소 누구나 가볍게 즐길 수 있는 컴퓨터 게임인 '테트리스'의 한 장면을 묘사한 것입니다. 화면 전환이 빠르고, 화려한 그래픽으로 무장한 최신 게임만 즐길 것 같은 요즘 청소년들 가운데도 이 게임을 알고 있고, 즐겨 하는 친구들도 꽤 있을 것입니다. 성별이나 나이에 상관없이 누구나 공감대를 형성하며 즐길 수 있는 게임이 오늘날 과연 몇 가지나 될까요? 테

52

트리스야말로 '국민 게임'이라 불러도 손색이 없을 만큼 80년대 후반부터 90년대까지 큰 인기를 끌었습니다. 그 인기가 아직도 건재해 하루가 다르게 새로운 게임이 나오는 21세기에도 여전히 사랑받는 게임 중 하나이기도 하지요.

테트리스에 한번쯤 심취했던 경험이 있는 사람이라면, 테트리스의 첫 화면이 모스크바 크렘린궁 앞에 위치한 성 바실리 성당의 모습이라는 것을 알고 있을 것입니다. 게임 초기 화면에 구소련의 풍경이 담겼다는 것이 무엇을 의미할까요? 유통되는 게임 중 상당수가 미국이나 일본에서 제작된 것에 비해, 이 테트리스는 특이하게도 소련 사람에 의해 소련에서 만들어졌음을 의미합니다.

공간 지각력을 키우는 게임을 개발하라

지금은 상상하기 어렵지만, 한때는 서방의 많은 국가들이 정치적인 이유로 1980년 모스크바 올림픽 참가를 거부할 만큼 미국과 소련이 지구촌 패권을 놓고 첨예하게 맞서던 이른바 '냉전 시대'가 있었습니다.(4년 후 미국에서 열린 로스앤젤레스 올림픽에는 동구권 국가들이 보복성으로 불참했지요.) 바야흐로 냉전의 중심에 있었던 1983년 소련, 과학 아카데미 소속의 한 컴퓨터 프로그래머가 동료와 함께 테니스를 즐기고 있었습니다.

"자네는 테니스가 그렇게 좋은가?"

"그럼, 그렇고말고. 하루 종일 컴퓨터 모니터만 들여다보고 있노라면 이렇게 넓은 코트에서 온몸을 움직이고 싶어 안달이 난다네. 자네는 그렇지 않은가?"

"자네만큼 컴퓨터를 오래 쳐다보지도 않을뿐더러, 나는 조깅도 하고 산책도 하고 그러지 않나. 그런데 자네는 오로지 테니스만 치니, 어쩜 그렇게도 테니스를 좋아하는지."

"게임 룰도 단순하고 과격하지도 않으면서, 작은 공 하나로 이렇게 재미있게 즐길 수 있는 스포츠가 어디 그리 흔한가."

"하여튼 자네의 테니스 사랑은 못 말리겠네."

러시아 모스크바 아카데미의 연구원이었던 알렉세이 파지노프는 어린이들의 공간 지각력을 키우는 게임을 개발하는 프로젝트에 참여하고 있었습니다. 그가 얼마나 게임 개발에 열심이었는지, 하루 종일 컴퓨터 모니터만 들여다보고 연구에 몰두하는 그에게 테니스는 유일하게 세상과 소통하는 통로요, 팔다리를 움직이게 하는 몇 안 되는 신체 운동의 하나였습니다. 그런데 파지노프는 게임을 디자인하는 초기 작업 단계에서 좀처럼 진도를 나가지 못하고 있었습니다. 그래서 동료와 함께 테니스를 치면서 머리를 식히고 있던 참이었지요.

파지노프는 고대 로마의 퍼즐인 펜타미노를 염두에 두고 이를 응용, 변형하려 했으나 좀처럼 좋은 아이디어가 나오지 않았습니다. 그는 며칠째 아이디어를 발전시키기 위해 애썼으나 그 자리에서 맴돌 뿐 좀처럼 진전이 없어 답답해하고 있었습니다.

총과 전투기가 없는 게임은
지루하다고?

수족관 넙치가 게임 속으로

어느 날 파지노프가 가족과 함께 식당에서 식사를 하고 있을 때였습니다. 파지노프의 건너편에 대형 수족관이 자리하고 있었는데, 식사를 하던 파지노프는 어느새 수족관을 유심히 쳐다보게 되었습니다.

"여보, 식사하다 말고 뭘 그리 넋을 잃고 봐요? 물고기 처음 보는 사람처럼."

남편이 거의 넋을 잃고 수족관에서 시선을 떼지 못하자, 파지노프의 부인이 걱정 어린 눈빛으로 물었습니다. 그 말을 들었는지 못 들었는지, 파지노프는 이렇게 대꾸했습니다.

"저 수족관 속 넙치가 물속에서 너울너울 헤엄치는 모습을 좀 봐요. 마치 물속에서 나비가 날아다니는 듯해요."

납작한 넙치가 유영하는 모습이 나비의 날갯짓처럼 보일만도 했습니다. 그러더니 파지노프는 갑자기 소리를 쳤습니다.

"그래, 바로 이거야! 넙치가 바닥으로 떨어지는 모습. 그래, 이거면 됐어!"

파지노프는 무심코 쳐다보던 수족관 속 넙치의 모습에서 개발 중이던 게임의 결정적인 아이디어를 얻은 것입니다.

다음 날 연구소에 도착한 파지노프는 동료들을 모아 놓고 어제 떠올랐던 아이디어를 설명하기 시작했습니다.

"수족관에서 넙치를 보았는데, 그 넙치가 바닥에 떨어지는 모습을 보니 마치 나비 같았어. 그런데 넙치는 바닥에 안착하기까지 이리저리 자기 몸을 좌우로 펄럭거리더니 정확히 빈자리를 찾아서 떨어지는 거야. 그렇게 해서 모든 넙치가 바닥에 배를 딱 붙이고 있으니까 수족관 바닥이 거의 안 보일 정도가 되더라고."

"그래서 그 넙치를 보고 어떤 게임을 만들 계획인데?"

동료들은 파지노프의 생각을 듣더니, 게임이 어떻게 만들어질지 더욱 궁금해했습니다.

"넙치를 하나의 도형이라고 생각하면, 그 도형이 이리저리 위치를 바꾸어 바닥에 떨어지도록 하는 것이지. 이리저리 위치와 모양을 바꿔 가며 도형이 제자리를 찾아 들어가도록 하면, 아이들의 공간 지각력이 저절로 높아지지 않을까?"

"하하, 그럼 넙치가 어린아이들보다 공간 지각력이 높다는 말인가? 넙치가 그렇게 빈자리를 잘 찾아서 물속에서 유영할 수 있다면 말이야."

동료들이 은근히 파지노프를 비웃었지만 그는 굴하지 않고 곧바로 게임 디자인에 들어갔고, 마침내 29살이 되던 1985년에 게임을 완성해 냈습니다. 완성된 게임을 동료들에게 처음 선보이던 파지노프는 게임의 콘셉트에 대해 간단히 설명했습니다.

"이 게임의 기본 규칙은 4개의 정사각형을 조합해 만든 7가지 종류의 블록을 이용해 하나의 빈틈없는 선을 만드는 걸세. 블록들로 선이 완성되면 그 선이 사라지는 거지. 처음엔 천천히 진행되지만 갈수록 블록이 내려오는 속도가 빨라짐으로써

총과 전투기가 없는 게임은
지루하다고?

점점 단계가 높아지고, 더 이상 쌓을 수 없게 되면 게임은 끝나게 되지."

불행하게도 완성된 게임을 바라보는 동료들의 반응은 시큰 둥했습니다.

"이 게임의 재미가 도대체 뭔가? 너무 단순하잖아."

"총을 쏘지도 않고, 그 흔한 전투기 한 대 등장하지 않는데 어떻게 이게 컴퓨터 게임이 될 수 있다는 거지?"

하지만 파지노프의 게임에 손을 댄 동료들은 어느새 하나둘 게임에 몰두하기 시작했고, 비로소 그들은 이 게임의 진정한 재미가 무엇인지를 느낄 수 있었습니다.

"파지노프, 이 게임의 이름이 뭔가?"

"······."

테트리스는 '테트라'와 '테니스'의 합성

파지노프는 자신의 게임에 이름이 없다는 것을 그제야 깨달았습니다. 하지만 파지노프가 이 게임의 이름을 짓는 데는 그리 오랜 시간이 걸리지 않았습니다.

"이 게임은 정사각형 4개를 조합해 만든 도형을 이용하니까 숫자 4가 중요한 의미를 지니는 게임이지. 그래서 나는 이 게임에 4를 뜻하는 그리스어 '테트라'를 꼭 넣고 싶네. 그리고······."

파지노프는 머리를 긁적이며, 다음과 같이 말을 이었습니다.

"이 게임이, 내가 좋아하는 테니스보다 더 재미있기를 바라는 마음에서 '테니스(Tennis)'와 '테트라(Tetra)'를 합성해 '테트리스(Tetris)'라고 부르고 싶네."

"테트리스라, 급조한 것치곤 꽤 괜찮은 이름인데?"

그 이후로 친구들은 단순하지만 중독성 강한 이 게임을 '테트리스'라고 부르기 시작했습니다. 이 게임이 만들어지고 난 후 테트리스에 중독된 사람들은 비단 파지노프의 동료들뿐만이 아니었습니다. 개발 3년 후 테트리스는 플로피디스크로 복사되어 북미에 급속히 번졌습니다. 그리고 세계의 수많은 사람들이 '테트리스 중독 현상'에 시달릴 정도로 테트리스는 폭발적인 인기를 얻었습니다.

우리나라에서도 1980~90년대 오락실에서 가장 흔하게 볼 수 있었던 게임이 테트리스였고, 기기 앞에 대기 손님이 가장 많을 정도로 큰 인기를 얻었으며, 인터넷이 보편화된 이후에는 온라인 게임과 휴대 전화 게임으로도 널리 퍼져 있습니다. 누구나 쉽게 할 수 있는 테트리스는 전 세계적으로 가장 오랫동안 사랑 받아 온 게임 중 하나로서, 지금도 슈퍼마리오와 함께 역대 인기 순위 1, 2위를 오르내리고 있으며 심지어 북한에서도 큰 인기를 모은 바 있습니다.

이렇게 전 세계적으로 폭발적인 인기를 끌자(특히 미국에서 선풍적인 인기가 있었습니다.), '소련 KGB 음모설'이라는 황당한 소문이 퍼지기까지 했다고 합니다. 그 내용인즉슨, 소련의 첩보 조직인 KGB가 미국과의 경쟁에서 승리하고 미국의 전산망을 마

총과 전투기가 없는 게임은 지루하다고?

비시키기 위해 테트리스를 미국에 배포했다는 것입니다. 또 미래의 주역인 미국의 청소년들을 게임에 빠지게 만들어 미국의 미래를 암담하게 할 의도로 테트리스를 개발했다는 허황된 소문까지 떠돌았습니다. 하지만 아이러니하게도 역사는 소문과는 정반대였습니다. 테트리스가 전 세계로 퍼져 나갈 무렵인 1989년부터 '붉은 제국' 소련이 붕괴되기 시작했던 것입니다.

세렌디피티의 법칙

열다섯 살부터 아이들을 위한 게임을 만들기 시작했다는 파지노프, "어린이나 베이비붐 세대, 바쁘게 살아가는 부모 등 모든 사람이 갑갑한 일상에서 재미와 흥미를 느낄 수 있도록 해 주고 싶다."는 평소 바람처럼, 우연히 수족관의 넙치를 보고 영감을 얻은 그는 마침내 세계적인 게임을 완성했습니다.

여러분은 혹시 '세렌디피티(Serendipity)'라는 말을 들어 봤나요? 세렌디피티는 '완전한 우연으로부터 중대한 발견이나 발명이 이루어지는 것'을 말합니다. 인류 문명사를 보면 수많은 결정적 발견과 발명이 이 세렌디피티에 의해 이루어졌습니다. 그렇다면 파지노프가 생각해 낸 아이디어 역시 세렌디피티에 지나지 않을까요? 미국의 사회학자 로버트 머튼은 "완전한 우연이나 행운도 아무에게나 찾아오지 않는다. 자신이 하는 일에 대해 치열하게 고민하고 최선을 다한 사람만 그런 기회를 얻을 수 있다."라고 했으니, 이것이 바로 '세렌디피티의 법칙'입니다.

수많은 사람들이 넘치를 보았지만, 테트리스를 떠올린 것은 파지노프뿐이었으니까요. 사소한 풍경을 보고도 아이디어로 발전시킨 것이 단순히 우연은 아니었을 것입니다. 그가 꾸준히 자신의 관심 분야에서 노력하고 쉼 없이 고민한 결과가 아닐까요?

처음 선보인 지 30여 년이 훌쩍 넘었음에도 테트리스는 여전히 어린아이부터 어른, 남녀를 불문하고 다양한 사람들에게서 폭넓게 사랑받고 있습니다. 다른 게임처럼 그래픽이 탁월한 것도 아니고, 스케일이 크거나 흥미진진한 게임 스토리를 갖춘 것도 아닙니다. 그저 '단순함' 하나만으로 게임계를 평정한 것이지요. 특히 스마트폰 어플, PC, 휴대용 게임기 등 거의 모든 게임 플랫폼에 쉽게 이식될 수 있는 테트리스는 '총을 쏘거나 전투기가 등장하지 않아도 게임이 재미있을 수 있다.'는 사실을 입증했다는 점에서 혁신적이라고 할 수 있습니다.

2009년 3월 한국을 찾은 알렉세이 파지노프는 "테트리스는 만국 공통언어와 같은 게임입니다. 테트리스는 전 세계 누구나 즐길 수 있는 게임이 되었습니다. 궁극적으로 이를 통해 세계 평화에도 기여했습니다."라고 자랑스럽게 말했습니다.

기준을 뒤엎어가는 참신한 마음 짓이라야 없다

총과 전투기가 없는 게임은 지루하다고?

※ 세렌디피티에 의한 위대한 발견이나 발명의 순간을 마주치려면 어떻게 해야 할까요? 다음 글을 읽고 생각해 봅시다.

만유인력을 어떻게 발견했느냐는 질문에 뉴턴은 이렇게 대답했습니다.
"내내 그 생각만 했으니까!"
아인슈타인 역시 상대성원리를 어떻게 발견했느냐는 질문에 이렇게 답했습니다.
"몇 달이고 몇 년이고 생각하고 또 생각했으니까."
– 「똑똑한 식스팩」(디자인하우스) 중에서

Story 6

죽은 사람이나 묻히는
땅속에 들어가겠다니!

: 자연에서 힌트를 얻다

19세기 영국에 살고 있는 찰스 피어슨은 변호사입니다. 그는 런던 시내로 매일 출근하면서 종종 짜증을 낼 때가 있습니다. 최근 들어 승객을 나르는 마차나 승합차가 점점 많아져서 교통량이 폭증했기 때문입니다. 산업혁명 이후로 도심이 발전하고 사람들이 모여들면서 복잡해질 대로 복잡해진 도로 때문에 약속 시간에 지각한 적이 한두 번이 아닙니다.

19세기 후반 당시에도 철도는 발달해 있었습니다. 그러나 런던 시내가 일찌감치 상업 지역으로 발달하고 있었던 탓에 런던 시내에 철도역이 건설되지 못하고 런던 외곽에 대여섯 개의 간선역이 생겼습니다. 그렇다 보니 그 역과 런던 도심을 오가는 수많은 인파와 차량이 넘쳐날 수밖에 없었지요. 정부에서도 골칫거리였지만 뾰족한 대안이 없어 손을 놓고 있을 수밖에 없는 처지이고 보니, 런던의 교통 사정은 날이 갈수록 악화되고 있었습니다.

이때 수송의 역사상 가장 기발한 것으로 평가되는 새로운 교통수단을 생각해 낸 것이 바로 찰스 피어슨입니다. 어느 휴일에 집에서 쉬고 있던 피어슨은 이웃집 아주머니가 소리치는 것을 들었습니다.

"아니, 이놈의 두더지가 정원을 다 파헤쳐 놨네!"

창밖으로 흘끔 내다보니 이웃집 정원 여기저기에 두더지가 다닌 흔적이 눈에 띄었습니다. 아주머니가 두더지를 잡겠다고 손에 연장을 들고 여기저기 생긴 구멍을 파헤치고 있었지만, 안타깝게도 두더지는 보이지 않았습니다.

이 광경을 목격한 피어슨은 생각에 잠겼습니다.

'웬만한 동물은 땅 위로만 다니는데, 왜 유독 두더지는 땅속으로 다닐까? 게다가 땅속에는 길이 없잖아? 어째서 제가 다닐 길을 힘들게 파내면서까지 굳이 땅속만 고집하는 거지? 무엇인지 몰라도 이로운 것이 있으니까 땅속으로 다니는 거겠지?'

마침 피어슨의 머릿속에 평상시 출퇴근하면서 느꼈던 도심의 복잡한 풍경이 떠올랐습니다. 두더지가 파 놓은 구멍을 뚫어져라 쳐다보던 피어슨이 '두더지와 런던 시내', 이 둘을 연상했던 것입니다.

'런던은 사람들이 많고 교통량도 많아서 늘 복잡한데, 그 복잡한 길 밑으로 두더지가 파 놓은 땅굴처럼 또 다른 길이 있다

면 참 여유롭겠다.'

다음 날 사무실로 출근하는 피어슨의 눈에, 터널에서 막 빠져나오고 있는 증기기관차 한 대가 들어왔습니다.

"그래, 커다란 땅굴을 파고 외곽으로만 다니는 기차를 런던 시내로도 들어갈 수 있게 하면 되겠다!"

사무실에 도착한 피어슨이 동료들에게 물었습니다.

"여보게, 런던이 왜 이렇게 복잡한지 혹시 알아?"

"그야, 런던 시내의 도로가 좁고 사람들의 왕래가 많아서 아닌가? 뜬금없이 그건 왜 묻나?"

동료들은 그의 갑작스러운 질문에 의아해했습니다. 그리고 이어지는 피어슨의 말을 듣고는 당황했지요.

"그렇다면, 두더지처럼 사람도 땅속으로 다니면 어떨까?"

두더지를 본떠서 지하철도를 만들다

이후에 피어슨은 몇 주 동안 두문불출하며 자신의 아이디어를 발전시킬 연구를 시작했습니다. 실현 가능한 아이디어인지, 그것이 실현되었을 때 어떤 이점이 있는지 그리고 그것을 가능하게 하기 위해 어떤 점을 보완해야 하는지, 그는 시간 가는 줄 모르고 연구에 빠져들었습니다. 그의 아이디어는 점점 더 구체화되기 시작했습니다. 이윽고 그간의 연구를 한데 모아 짧은 보고서 한 편을 완성할 수 있었습니다.

지금은 당연하지만 처음엔 미친 짓이라 했다

죽은 사람이나 묻히는 땅속에 들어가겠다니!

1843년 마침내 피어슨은 오랜 시간 동안 고심해 온 연구 결과가 오롯이 담긴 보고서를 들고 런던 시의회를 찾아갑니다. 그리고 의원들 앞에서 세계 최초의 지하철도 시스템을 공개적으로 제안했습니다. 그런데 이것이 획기적인 교통 시스템이라고 생각했던 피어슨에게 생각지도 못한 반응이 돌아왔습니다.

"당신 미친 사람 아니오? 지금 제정신으로 말하는 거요?"

의원들의 반응은 싸늘하다 못해 피어슨에게 모욕감까지 주었습니다.

"땅속은 죽어서 들어가는 곳인데, 살아 있는 사람이 뭐 하러 컴컴한 땅속으로 들어간단 말이오? 당신이나 들어가서 사시오. 그리고 다시는 이따위 허황된 생각 말고 썩 돌아가시오!"

런던 시의회의 그 누구도 피어슨의 지하철도 시스템을 눈여겨보지 않았습니다. 그러나 피어슨은 자신의 의지를 굽히지 않았습니다. 기회가 있을 때마다 지하철도의 중요성을 인식시키기 위해 애썼습니다.

피어슨은 장기적인 비전을 제시하기로 마음을 먹었습니다. 도심의 비위생적인 슬럼가를 허물고 슬럼가의 주민들을 도시 외곽의 새집으로 이주시키는 대신, 교외의 거주지에서 도심의 일터까지 새로운 지하 철도로 편리하게 출퇴근할 수 있도록 하자는 계획을 보고서에 더했습니다. 이 주장은 당시 의원들의 골칫거리였던 슬럼가를 해결할 수 있는 방안이었기 때문에 의원들의 귀가 솔깃했습니다.

10년의 시간이 흐른 1853년, 피어슨은 다시 한 번 더 의회를 찾아갑니다. 의회로 들어서는 피어슨의 손에는 이번에도 보고서가 들려 있었습니다. 10년 전에 자신이 제안했던 지하철도 시스템을 보완한 것은 물론, 런던의 장기적인 발전책까지도 함께 제시한 보고서 말입니다. 이 보고서를 접한 의원들은 드디어 고개를 끄덕이며 피어슨의 제안을 받아들이기로 결정합니다. 우여곡절 끝에 1863년 1월 10일, 지하철도 개통식 행사가 성대하게 열렸습니다. 세계 역사상 최초의 지하철도가 탄생하는 순간이었습니다.

세계 최초의 지하철도가 뚫린 곳은 영국 런던의 팔링턴 스트리트와 비숍스 로드의 패딩턴을 잇는 6.0km 구간이었습니다. 그리고 1910년대 이후 전 세계의 여러 도시에서 지하철도 건설 붐이 일어났습니다. 한국 최초의 지하철은 서울시 지하철 1호선의 서울역과 청량리를 잇는 7.8km 구간으로서 1974년 8월 15일에 개통했습니다. 세계 최초의 지하철 개통 후 약 110년 만의 일입니다. 지하는 인간에게 그다지 유용한 공간이 아니었습니다. 아니, 인간은 지하가 자신의 활동 영역이 될 것이라고 미처 생각지 못했습니다. 그런 지하가 인간에게 쓸모 있는 공간이라는 개념을 일깨워 준 것이 바로 피어슨입니다.

강남으로 가는 제비를 보고 만든 비차

임진왜란 때의 일입니다. 1592년 10월의 어느 날 진주성 주

죽은 사람이나 묻히는 땅속에 들어가겠다니!

변으로 왜군의 정예병이 집결했습니다. 남해안 일대에서 계속해서 패하고 있던 왜군은 독이 잔뜩 올라 진주성을 함락하려는 야욕으로 주변을 포위해 나가기 시작했습니다. 왜군이 진주성을 포위하자 성안에 있던 사람들은 옴짝달싹 못하게 되었고, 당시 김시민이 이끄는 진주성의 군사 3,700여 명은 절박한 상황에 처합니다. 무엇보다도 왜군들에 의해 철저하게 봉쇄되어 외부에 그 어떤 지원도 요청할 수 없는 것이 가장 큰 문제였습니다. 임진왜란이 발발했을 때 진주성은 곽재우, 최강, 이달 등이 이끄는 각처 의병들과의 연합 작전으로 경남 일대에서 크게 위세를 떨치고 있었습니다.

그런데 이때 이 난국을 헤쳐 나가는 데 결정적인 역할을 할 사람이 나타납니다. 전라도 김제 사람이었던 정평구가 그 주인공입니다. 정평구는 우연히 진주성에 들렀다가 위기에 처한 진주성을 구할 놀라운 물건을 만들어 냅니다. 그 물건 덕분에 진주성은 외부와의 고립에서 벗어날 수 있었고 정평구는 진주대첩이 5일 만에 큰 승리로 끝나는 데 일조합니다. 정평구가 만든 물건은 과연 무엇이었을까요?

진주성을 포위한 왜군들은 간헐적으로 성곽을 공격하기 시작했습니다. 목숨을 걸고 진주성을 지키려는 군사들과 백성들의 항전으로 왜군들의 공격은 번번이 실패했지만, 언제 함락될지 모르는 일촉즉발의 순간이 계속됐습니다. 잠시 왜군들의 공격이 멈추고 정적이 흐르던 때, 정평구는 문득 늦가을이 되어 강남으로 돌아가는 제비를 바라보게 됩니다.

'나도 저 제비처럼 이곳을 떠날 수만 있다면 좋으련만……
훨훨 날아서 이곳 소식을 다른 곳에 전할 수 있을 텐데…….'

그러다가 제비를 본떠서 커다란 새를 만들고 그걸 타고 밖
으로 날아가 보면 어떨까 하는 생각을 합니다.

'제비는 커다란 날개를 가졌고, 그 날개를 위아래로 흔든다.
저렇게 움직이는 물건을 만들 수만 있다면 나도 날 수 있지 않
을까?'

그러나 그가 주변 사람들에게 자신의 생각을 말했을 때 사
람들은 손사래를 치며 만류했습니다.

"커다란 연을 만들어서 그것을 타고 밖으로 나가겠습니다."

"에이, 이 사람아, 사람이 어떻게 연을 탈 수 있단 말인가?
어리석은 말은 집어치우고, 그럴 기운 있으면 무너진 성곽이나
보수하러 가세."

정평구는 원래 손재주가 뛰어난 사람이었습니다. 정평구는
사람들의 반응에도 아랑곳하지 않고 곧바로 거대한 연을 만들
기 시작했습니다.

정평구는 하루가 채 안 되어 제작을 끝내고 진주성 목사 김
시민에게 자신이 만든 것을 보여 주었습니다. 김시민이 그에게
물었습니다.

"이것이 무엇이오?"

"예, 이것은 비차(飛車)라고 이름 붙였습니다."

"도대체 어디에 쓰는 물건인고?"

"말 그대로 하늘을 나는 수레이옵니다. 사람이 탈 수도 있

죽은 사람이나 묻히는 땅속에
들어가겠다니!

고, 물건을 실을 수도 있습니다."

"아니, 이게 하늘을 난단 말이오? 예끼, 이 사람아. 전쟁 통에 사람을 놀리는 것이오?"

김시민은 놀랐지만 정평구는 의기양양하게 말했습니다.

"이것이 하늘을 날 수 있습니다. 제가 이걸 타고 밖으로 나가 지원병을 요청하겠습니다."

정평구는 풀무를 이용해서 몸통같이 생긴 부분에 바람을 불어 넣었습니다. 그리고 진주성 가장 높은 곳에 위치한 누각으로 올라가 비차에 자신의 몸을 싣더니 곧장 뛰어내렸습니다. 비차가 잠시 밑으로 가라앉는가 싶더니, 이내 바람을 타고 힘껏 날아올랐습니다. 당시 이 광경을 보고 있던 사람들은 하도 신기해서 벌렸던 입을 다물지 못했습니다. 그 모습은 마치 한 마리 두루미가 하늘로 비상하는 듯했습니다.

정평구는 그렇게 한참을 날아 약 30리를 날아갔습니다. 그러고는 의병들에게 진주성의 상황을 알리고 후방 지원을 요청했습니다. 왜군에 의해 외부와 완전히 차단되었던 진주성은 이 비차 덕분에 긴급한 연락을 취할 수 있게 되었고, 외부의 지원을 받아 함락 위기에서 벗어나며 주위를 둘러싼 왜군을 물리칠 수 있었습니다. 이것이 임진왜란 3대 대첩 중의 하나인 진주대첩입니다.

이 비차에 대한 기록은 19세기 중엽의 실학자 이규경의 『오주연문장전산고』에 실려 있습니다. 또한 비슷한 시기의 실학자 신경준 또한 『여암전서』에 비차에 대한 기록을 남겨 두었습니다. 그 기록을 보면 정평구가 비차를 가지고 재주를 부려서 임진왜란 때 쳐들어온 왜군을 농락했는데, 포위망을 뚫고 외부와 연락을 한 것은 물론이고 물자도 날랐으며, 벌통과 화약 상자를 만들어 왜군을 혼냈다고 합니다.

이 기록이 사실이라면 세계 최초의 비행기를 만들었다고 하는 라이트형제보다 무려 300년이나 먼저 비행기를 만들어 상용화한 셈입니다. 아쉽게도 그 사실을 국제적으로 인정받지 못하는 것은 비차의 실물이 남아 있지 않고, 그 설계도나 제작 방법에 대한 기록 역시 전혀 남아 있지 않기 때문입니다. 하지만 하늘을 나는 제비에서 나라를 구할 새로운 아이디어를 생각해 낸 그 창의력마저 부인되는 것은 아닙니다.

모방 그 이상의 모방

인류는 만물의 영장입니다. 그래서 자연을 이용하고 정복하면서 문명을 개척해 왔습니다. 하지만 인류가 자연 위에 마냥 군림하기만 했던 것은 아닙니다. 자연의 위력에 경외심을 갖기도 했고, 때로는 자연의 놀라운 섭리를 모방해 생활의 편리를 꾀하기도 했습니다. 인류가 지구에 나타난 것이 지금으로부터 약 300만 년 전이라고 합니다. 하지만 그보다 훨씬 더 먼저, 대략 수십억 년 전에 지구를 선점하고 있었던 생명체들이 있었습니다. 그 생명체는 지구 환경에 적합하도록 까마득한 세월 동

죽은 사람이나 묻히는 땅속에
들어가겠다니!

안 진화를 거듭해 왔습니다. 그렇기 때문에 지금 우리가 눈앞에 목격하고 있는 자연은, 이미 오래전부터 지구의 신참 격인 인류에게 생존의 비법을 알려 주고 있는 살아 있는 스승입니다.

'모방'이라고 하면 얼핏 '창의성'과는 전혀 관련이 없는 것처럼 보일 수도 있습니다. 그러나 두더지나 새의 습성을 간과하지 않고, 핵심적인 메커니즘을 간파한 능력이야말로 창의력과 다르지 않습니다. 두더지나 새를 그대로 모사하지 않고, 그것을 인간의 삶에 도움이 되도록 혁신적으로 발전시킨 피어슨이나 정평구의 아이디어는 '창의적 모방' 그 이상이라고 할 수 있겠지요?

※ 피어슨이나 정평구처럼 자연을 모방해 새로운 물건을 만든다고 가정할 때, 어떤 자연물에서 어떤 기술을 모방해 창의적인 사물을 만들지 말해 봅시다.

Story 7

역사상 가장 '어리석은' 계약

; 현상 너머의 본질을 꿰뚫다

1860년, 미국에서는 공화당 대선 후보 경선이 열리고 있었습니다. 최종 2명이 경합을 벌였습니다. 한 명은 뉴욕 주지사를 역임하고 상원 의원으로 10년 이상 활동했던 유력 인사 윌리엄 슈어드였고, 나머지 한 명은 정규 학교도 제대로 못 나오고, 각종 선거에서 7번이나 낙방한 에이브러햄 링컨이었습니다. 슈어드는 후줄근한 인상의 링컨을 보며 자신이 대통령 후보가 될 것이라고 확신했습니다. 더욱이 링컨의 이력을 보니 내세울 만한 것이 전혀 없었습니다. 대통령 후보 최종 경선이라는 타이틀이 무색할 만큼 '경쟁'이라는 말 자체가 어울리지 않아 보였습니다.

슈어드는 머릿속에서 이미 대통령 후보가 되어 있었습니다.

기준을 뛰어넘는 차원이 다른 질문과 답

72

그는 경선 직후 마실 샴페인과 당선 축포까지 손수 준비하며 자신감을 보였습니다. 당시 링컨의 이력과 행색을 보았을 때 슈어드의 이런 자신감은 어쩌면 당연한 것이었습니다. 그런데 얼마 후, 그 누구도 예상하지 못한 의외의 결과가 벌어졌습니다. 놀랍게도 슈어드가 무명의 링컨에게 패한 것입니다.

경선에서 승리한 링컨은 무난히 대통령의 자리에 올랐습니다. 그런데 링컨이 슈어드에게 뜻밖의 제안을 했습니다.

"이번 내각의 국무 장관이 되어 주시오."

슈어드는 자신의 귀를 의심했습니다. 경선 기간 내내 서로 적이 되어 설전을 주고받았던 라이벌에게 국정 수행의 동반자가 되어 달라는 부탁을 받다니, 슈어드는 잠시 놀랐지만 나름대로의 속셈으로 그 제안을 수락했습니다.

'학교도 제대로 못 나온 링컨이 나의 능력을 높이 산단 말이군. 그렇다면 링컨을 허수아비로 세워 놓고 내가 실질적인 권력을 손에 쥐어야겠어.'

이런 슈어드의 야심은 오래가지 않았습니다. 국무 장관으로서 링컨을 곁에서 보좌하면서 자신의 생각이 얼마나 잘못된 것이었는지 깨달았기 때문입니다. 링컨은 다방면에서 탁월한 능력을 보였으며, 슈어드는 자신에게 없는 것이 링컨에게 있다는 것을 알게 되었습니다. 링컨에게는 다른 사람들의 마음을 살피고 의견이 다른 사람을 설득해 가며 일을 처리하는 지혜가 있었던 것입니다. 슈어드는 링컨을 곁에서 지켜보며 다음과 같은 교훈을 가슴속에 아로새겼습니다.

'사물의 겉모습만 보고 가치를 평가하는 것만큼 어리석고 위험한 일은 없다. 내가 링컨에 대해서 알고 있던 것은 그의 겉모습뿐이었어.'

슈어드는 진심 어린 반성을 하고 얼마 지나지 않아 링컨의 가장 큰 조력자로 변신합니다. 슈어드의 이런 깨달음은 당시 버려진 '얼음 땅' 알래스카의 숨은 가치를 발견하게 되는 원동력이 되었습니다.

알래스카, 그곳은 얼음으로 뒤덮인 황무지였다

1725년 러시아의 베링 탐험대가 시베리아와 북미 대륙을 연결하는 해협을 발견합니다. 이때 발견한 땅이 바로 알래스카입니다. 하지만 당시 러시아는 그 땅에서 모피나 종종 얻을 뿐 크게 관심을 두지 않았습니다. 러시아 본토에도 이런 얼음 땅은 얼마든지 있었기 때문입니다. 세월은 흘러 19세기 중반. 러시아는 동유럽에서 일어난 크림 전쟁에서 힘을 소진한 탓에 1850년대 후반에 국가 재정이 바닥났습니다. 더욱이 캐나다에 있는 영국군이 알래스카를 통해 러시아 본토로 쳐들어올지도 모른다고 걱정하던 러시아 정부는 '차라리 알래스카를 다른 나라에 팔아 버리는 것이 좋겠다'는 결정을 내립니다.

미국의 국무 장관 윌리엄 슈어드는 첩보를 통해 이 소식을 접하게 되었습니다. 여느 사람이라면 러시아의 뻔한 속셈을 알

진로를 방해하는 허름의 마음 치유하 났다

역사상 가장 '어리석은' 계약

아차리고 거들떠보지도 않았겠지만, 슈어드는 이것이 하늘이 미국에게 주는 큰 기회라고 생각했습니다. 슈어드는 즉각 주미 러시아 공사를 찾아갔습니다. 그러고는 의회의 동의도 없이 장관 직권으로 매매 계약을 서둘렀지요. 미국이 이 땅을 사려고 한다는 소문이 퍼지면 땅값이 오를 염려가 있었기 때문에 속전속결의 전략이 필요했습니다.

새벽까지 이어진 협상 끝에 슈어드는 드디어 러시아로부터 알래스카를 헐값에 사들이는 데 성공합니다. 미국 본토의 5분의 1이나 되는 면적(이는 한반도의 7배 크기에 해당합니다.)을 고작 720만 달러에 넘겨받은 것입니다. 1km²에 5달러가 채 안 되는 가격이었습니다. 이것이 1867년 3월 30의 일입니다. 골칫덩어리 알래스카를 팔아넘기면서 두둑한 재정도 확보한 공로를 인정해, 당시 협상을 타결한 러시아 공사에게 본국에서 훈장을 수여할 정도로 러시아 측에서는 대만족하는 분위기였습니다.

반면 알래스카 매입 사실이 알려지자 미국에서는 비난 여론이 들끓기 시작했습니다. 슈어드가 어리석은 결정을 해 미국의 위신을 땅에 떨어뜨렸다며 그의 행동을 비난했지요. 그가 매매 계약을 체결한 알래스카를 두고 '슈어드의 아이스박스'라고 빗대며 국고를 낭비한 어리석기 짝이 없는 행동이라고 조롱하는 사람들도 있었습니다. 더욱이 알래스카는 캐나다를 사이에 두고 있어 미국 본토와 직접 연결되지도 않는 땅이었습니다. 미국 국민들 사이에서 알래스카는 이래저래 쓸모없는 땅이라는 생각이 지배적이었습니다. 슈어드는 빗발치는 여론의 비난에도 불구하고, 다음과 같은 말로 자신감을 내비쳤습니다.

"미국인들이 알래스카의 가치를 발견하려면 한 세대는 지나야 합니다. 기다려 주십시오."

슈어드의 국무 장관 임기가 끝날 때 한 기자가 물었습니다.

"당신이 재임 기간 중 했던 일 가운데 가장 큰 업적은 무엇입니까?"

"단연 알래스카를 사들인 것이지요."

슈어드는 한 치의 흔들림 없이 자신의 결정을 후회하지도, 비굴해하지도 않았습니다. 그런데 놀랍게도 그의 말은 정확히 30년 후에 실현되기 시작합니다. 1897년 알래스카에서 금광이 발견된 것을 시작으로 철광석만으로도 4천만 달러어치가 넘는 채굴을 하게 된 것입니다. 그뿐만이 아닙니다. 그 후로도 각종 자원이 발굴되기 시작했는데 전 세계 우라늄의 30%가 알래스카에 매장되었다는 사실이 밝혀집니다. 게다가 알래스카에 엄청난 양의 석유가 매장되어 있다는 사실도 밝혀졌습니다. 러시아로서는 통탄할 노릇이지만 알래스카에서는 현재까지도 다량의 석탄, 구리, 천연가스 등의 광물자원과 질 좋은 목재가 쏟아져 나오고 있습니다. 또한 군사적 요충지로 평가받고 있으며, 최근에는 천혜의 관광자원으로도 주목받고 있습니다.

알래스카는 현지 말로 '위대한 땅'이라는 의미를 가지고 있는데, 슈어드는 말 그대로 보물 창고를 매입한 것이지요. 알래스카는 이제 돈으로 따질 수 없을 만큼 '위대한 땅'이 되었습니

역사상 가장 '어리석은' 계약

눈 덮인 얼음 땅 밑에 숨은
천혜의 보물 창고를 가려내준 게 바로,
그것은 현상 너머의 본질을 꿰뚫는
안목이 있었기에 가능했다.

다. 오늘날 슈어드는 가치 있고 창의적인 계약을 성사한 외교의 영웅으로 추앙받고 있습니다.

서희의 알래스카는 강동 6주

서기 933년 거란의 소손녕이 80만 대군을 이끌고 고려에 쳐들어왔습니다. 소손녕은 "항복하지 않으면 고려를 섬멸할 것이니 고려의 군사들은 압록강으로 나와 항복하라." 하고 위협했습니다. 고려 성종은 신하들을 모아 대책 회의를 열었습니다. 많은 사람들이 여러 가지 의견을 내놓았지만 결국 신하들의 의견은 둘로 모아졌습니다. 첫째, 무조건 항복하고 후일을 도모하자. 둘째, 고려의 땅 일부를 내어 주고 화친하자. 이 두 가지 말고는 그 누구도 다른 의견을 내놓지 못했습니다.

이때 서희가 나서 말했습니다.

"거란의 침략과 위협을 표면적으로 보지 말고, 숨어 있는 의도를 파악해야 합니다."

"그럼 또 다른 계책이 있다는 말씀이시오?"

연로한 신하 한 사람이 서희에게 물었습니다.

"현재로서는 없습니다."

신하들이 일제히 서희를 비웃었습니다. 하지만 서희는 굴하지 않고 말을 이었습니다.

"거란이 고려를 멸망시킬 목적으로 쳐들어왔다면 그만한

역사상 가장
'어리석은' 계약

군사로 이미 치고 내려오고도 남았을 것입니다. 그런데 지금 우리더러 항복하라며 기다리고 있는 것을 보면, 뭔가 협상할 여지가 있어 보입니다."

신하들이 서희의 혜안에 여기저기서 작은 탄성을 내뱉었습니다.

"거란이 고려를 침략한 이유를 잘 분석한다면 대책이 설 수도 있을 것 같습니다. 협상을 통해 이 난국을 타개해 보겠습니다."

그리하여 서희는 자진해서 거란의 적장 소손녕과의 협상 자리에 나섰습니다. 협상 자리에서 소손녕은 서희를 앞에 두고 이렇게 일갈했습니다.

"너희 나라는 옛 신라 땅에서 일어났다. 그런데 너희가 고구려의 옛 땅을 차지하고 있으니 이는 잘못이다. 또 우리나라와 접하고 있으면서도 우리를 외면하고 바다 건너 송나라를 섬기는 까닭에 너희를 섬멸하려 온 것이다."

서희는 소손녕의 말을 듣고 잠시 침묵을 지켰습니다.

'아! 거란은 우리 고려와 친교를 맺고 싶어 하는구나. 그래야 거란이 장차 송나라를 범할 때 후환을 없앨 수 있으니까. 그러니까 지금은 송나라와 고려가 친한 것이 불만인 것이야. 그래, 바로 그거다.'

생각이 이에 미치자 서희는 거침없이 소손녕에게 말했습니다.

"그렇지 않소. 우리는 신라에서 일어난 것이 아니라 고구려를 계승했소. 그래서 나라 이름도 고려라고 하지 않소? 오히려 당신들이 지금 점령하고 있는 땅도 옛 고구려 땅인데, 적반하

장이 아니오? 그리고 당신 나라와 외교를 맺지 못한 것은 압록강 안팎을 여진이 점하고 있어 위험한 까닭에 육로를 이용하지 못하고 불가피하게 바다를 이용해야 했기 때문이오. 왕래가 쉽지 않다 보니 자연스레 송나라와 외교를 맺게 된 것이오."

기세등등하던 소손녕의 눈빛이 뜻밖의 이야기를 들었다는 듯 다소 수그러들기 시작했습니다. 서희는 틈을 놓치지 않고 말을 이었습니다.

"압록강 주변의 여진을 몰아낸 뒤 그곳에 성을 쌓고 우리가 다스리게 된다면, 당신들과 길이 통하게 되니 어찌 외교를 맺지 않을 수 있겠소."

소손녕은 자신의 말을 논리적으로 반박하고, 자신의 의도를 정확히 간파해 해결책을 제시하는 서희에게 단박에 수긍하게 되었습니다. 그리하여 소손녕은 서희가 제안한 압록강 주변의 강동 6주를 넘겨주며 협상을 마무리합니다.

누구에게나 알래스카와 강동 6주가 있다

윌리엄 슈어드는 얼음으로 뒤덮인 땅에 보물이 묻혀 있음을 간파했고, 서희는 고려를 정벌할 기세로 달려들었던 오랑캐의 본심이 무엇인지를 꿰뚫었습니다. 일반적으로, 겉으로 빤히 보이는 현상만 가지고서는 사물의 본질을 제대로 파악하기 어려운 법입니다. 피상적인 현상은 눈에 띄기 쉬우며 잘 보이기도

역사상 가장
'어리석은' 계약

하지만 보는 사람들로 하여금 그것이 전부인 줄로 착각하게 하는 맹점이 있습니다. 그러나 가치 있는 본질은 언제나 현상 너머에 있어 눈에 잘 띄지 않습니다.

　윌리엄 슈어드와 서희가 각각 알래스카와 고구려 옛 땅을 얻을 수 있었던 것은, 바로 숨겨진 가치와 본질을 볼 수 있는 '창의적인 안목' 덕분이었습니다. 창의적인 안목이란 멀리 볼 수 있는 선견지명과 깊이 볼 수 있는 통찰력에 다름 아닙니다. 이 책을 읽는 여러분에게도 우리를 둘러싼 세상을 '멀리 그리고 깊이' 보라고 말하고 싶습니다. 우리 곁에 미처 발견하지 못한 '알래스카'가 있지는 않은지, 혹은 시도도 해 보지 않고 '강동 6주'를 포기한 채 살고 있지는 않은지 말입니다.

※ 슈어드가 알래스카 땅을 살 당시 많은 사람들이 그 가치를 알아주지 않아 조롱을 당했습니다. 그러나 슈어드는 꿋꿋하게 자신의 신념을 지켰습니다. 여러분에게 '알래스카'에 해당하는 일은 무엇인지 생각해 보고, 그 일을 남들은 왜 알아주지 않는지, 그리고 자신은 그 일이 왜 가치 있다고 생각하는지 말해 봅시다.

언제 어디서든 돈을 빼 가면 은행이 망할까?

: 역발상에서 출발하다

1976년 1월 카리브 해변. 존 리드라는 어느 은행 직원이 해변을 어슬렁거리며 깊은 생각에 사로잡혀 있었습니다. 바닷바람과 파도에 몸을 맡기고 서핑을 즐기거나 파라솔 밑에서 주스를 마시며 태닝으로 여유로운 시간을 보내는 사람들 틈에서, 존 리드는 난데없이 끼어든 불청객처럼 우두커니 서 있었습니다. 깊은 생각에 사로잡혀 있던 그의 손에는 공책과 연필이 들려 있었습니다. 잠시 허공을 응시하는가 싶던 그는 이내 공책에 무엇인가를 부지런히 메모하기 시작했습니다. 리드는 그렇게 한참을 메모에 열중하더니 30쪽가량의 메모지를 순식간에 채웠습니다. 그는 그것을 들고 곧바로 자신이 일하는 은행으로 달려갔습니다. 그가 완성한 30쪽 분량의 메모지 맨 앞장에는

'사업 계획서'라는 제목이 선명하게 붙어 있었습니다.

은행의 미래를 바꿀 아이디어

존 리드가 일하는 은행의 사장은 지지부진한 사업을 확장하기 위해 당시 8,000명에 달하는 직원들을 대상으로 사업 아이디어를 공모했습니다.

"이렇게 나가다가는 우리와 경쟁하는 은행에 몇 년 안에 뒤처질 수도 있습니다. 앞으로 나가지 못하고 제자리에 있는 건 결국 뒤처지는 것입니다. 우리 은행의 미래를 위해 획기적인 사업 아이디어를 공모합니다. 좋은 아이디어를 제공한 직원에게 우리 은행의 요직을 맡기고자 합니다."

은행의 고위직으로 승진할 수 있는 기회라는 생각에 많은 직원이 앞다퉈 온갖 아이디어를 사장에게 들이밀었지만 사장은 번번이 손사래를 쳤습니다. 어떤 아이디어도 흡족하지 않았던 거지요. 사장의 고민이 깊어 갈 즈음 해변에서 사업 계획 구상을 마친 존 리드가 사장실의 문을 노크했습니다.

"들어오게나."

며칠째 사원들의 아이디어를 두고 상담을 진행했던 사장은 처음의 기대와 달리 조금씩 힘이 빠져 가고 있었습니다.

"사장님, 제가 사장님께 사업 아이디어를 제안하고자 합니다."

리드는 기운차게 사장실로 들어섰습니다. 그러나 사장실로 들어서는 리드를 쳐다보는 사장은 시큰둥하게 그를 맞이했습니다. 그도 그럴 것이 이미 특별할 것 없는 생각을 늘어놓는 수백 명의 직원들을 상대하느라 지치고 실망한 뒤였으니까요.

그런데 리드를 유심히 쳐다보던 사장이 이내 반색을 하며 말했습니다.

"자네는 혹시 리드 아닌가?"

"예, 리드입니다."

사장은 리드를 알아보고 반가워했습니다. 리드는 친화력이 좋아 평소 직원들과 관계가 원만했을 뿐만 아니라 회사를 위해 성실하게 일하는 직원이어서 사장도 그를 눈여겨본 적이 있었기 때문입니다. 사장은 리드가 들고 온 사업 계획서에 자꾸 눈길이 가고, 그의 아이디어를 얼른 듣고 싶어졌습니다.

"자네의 아이디어가 무엇인지 설명해 주게."

리드는 자신의 사업 계획서를 사장의 눈앞에 펼치면서 이렇게 말했습니다.

"우리 은행에 현금인출기를 설치하자는 것이 제 아이디어의 핵심입니다."

이 말을 들은 사장의 눈에 실망의 빛이 역력했습니다. 그러나 사장은 실망한 마음을 애써 숨기며 리드에게 물었습니다.

"현금인출기라 함은, 혹시 손님들이 손수 돈을 빼내 가는 기계를 말하는 겐가?"

"예, 그렇습니다."

"은행 창구에서 돈을 찾게 하는 것보다 기계를 쓰면 인건비

리드는 낙심하지만 차운면 마침 길에다가 앉다

84

언제 어디서든 돈을 빼 가면 은행이 망할까?

가 절약되긴 하겠지만, 그게 뭐 특별한 아이디어란 말인가?"

시원찮은 사장의 반응에도 리드의 눈빛은 조금도 흔들리지 않았습니다. 사장은 계속해서 이렇게 말했습니다.

"현금인출기는 이미 몇 년 전에 발명되어서 몇몇 은행에 설치되어 있지 않은가."

사장의 말이 맞았습니다. 1960년대 말에 이미 발명된 현금인출기는 1967년에 영국 바클레이스 은행의 한 지점에 최초로 설치되었다고 전해집니다. 또 1969년 미국 케미컬 은행의 지점에도 현금인출기가 설치되었다는 기록이 있습니다. 어찌 되었든 전후 사정을 꿰뚫고 있는 사장에게 리드의 발언은 크게 놀랄 만한 아이디어가 아니었지요.

리드는 자신의 사업 계획서를 펼쳐 보이며 다시 사장에게 말했습니다.

"사장님, 이 계획서를 다시 자세히 읽어 봐 주십시오."

"이미 수년 전에 현금인출기를 설치한 은행들을 보게. 그다지 신통한 영업 실적이 나오고 있지 않네. 그걸 굳이 우리 은행에 설치할 필요가 있냐는 말일세."

"저의 계획은 그들의 것과는 다릅니다. 그들은 고작 몇 개의 지점에 인건비 절약 차원에서 몇 대를 설치해 놓았을 뿐입니다. 저는 현금인출기를 우리 은행의 모든 지점에 네트워크화해서 뉴욕에서 예금한 돈을 로스앤젤레스에서도 찾을 수 있게 하자는 것입니다."

사장의 눈썹이 움찔했습니다. 리드의 말에 미심쩍은 부분이 있었기 때문입니다. 사장이 리드에게 반론을 제기하려는 찰나, 리드는 말을 이었습니다.

"사장님, 우리 은행에도 이미 현금인출기가 설치되어 있는 걸로 알고 있습니다. 이를 전국 지점으로 확대하고, 은행이 아닌 길거리 같은 곳에도 설치해서 언제 어디서든 예금을 자유롭게 꺼내 쓸 수 있도록 하면 어떨까요?"

"예끼, 이 사람아! 은행에서는 고객의 돈을 많이 유치해야 하고, 고객들이 자신의 돈을 되도록 빼 가지 않게끔 해야 이문을 남길 수 있네. 다시 말해 고객이 은행에 돈을 오래 맡겨 둘수록 영업 이익이 극대화되는 것이라네. 누구나 알고 있는 상식이 아닌가."

언제 어디서든 거래할 수 있는 은행

리드는 사장의 말에 엷은 미소를 지으며 고개를 주억거렸고, 다소 화가 난 사장은 말을 이었습니다.

"그런데 말일세, 자네 아이디어에 의하면 고객이 아무 때나 돈을 찾고 싶을 때 시간과 공간적 제약 없이 꺼내 쓸 수 있게 되네. 그렇다면 우리 은행에는 돈이 머물러 있지 못할 걸세. 고객이 우리 은행에 돈을 많이 맡길수록 이익이 남는 것인데, 자네 생각은 반대로 고객이 은행에 있는 돈을 손쉽게 빼 갈 수 있게 만드는 것이잖나. 고객이 돈을 쉽게 빼 갈 수 있는 방법이 아

언제 어디서든 돈을 빼 가면
은행이 망할까?

니라, 고객들이 우리 은행에 돈을 맡기고 싶어 안달이 나게 하는 방법을 연구해 보란 말일세."

리드는 회심의 미소를 지으며 응수했습니다.

"사장님! 저의 아이디어가 바로 그것입니다."

"그게 무슨 말인가?"

"사장님이 고객의 입장에서 생각해 보십시오. 사장님이라면 자신이 맡긴 돈을 언제 어디서나 마음만 먹으면 찾아 쓸 수 있는 은행에 저축을 하시겠습니까? 아니면 정해진 영업시간 안에, 그것도 은행 창구를 직접 방문해야만 돈을 찾을 수 있는 은행에 저축을 하시겠습니까?"

사장은 뒤통수를 얻어맞은 듯했습니다.

'이토록 획기적인 아이디어라니!'

시공의 제약 없이 자유롭게 돈을 찾아 쓸 수 있는 은행이라면 누구라도 그 은행과 거래하고 싶어질 테니까요.

결국 리드의 제안은 전격적으로 받아들여졌고, 1년도 채 안된 1977년에 이 은행의 모든 지점은 네트워크로 연결된 온라인 현금인출기를 갖추게 됩니다. 물론 이러한 네트워크 신기술에 입각한 금융 시스템은 많은 사람들이 이 은행으로 몰리게 하는 데 톡톡히 기여했습니다. 이 은행은 4년 후 통계에 의하면 1977년 이전보다 고객 예치금이 무려 200%나 늘어났다고 합니다. 이 은행이 바로 현재에도 세계 굴지의 은행으로 손꼽히는 시티은행입니다. 리드는 그 능력을 인정받아 부사장의 자리에까지 올랐고, 그 후에 현금인출기와 더불어 지금의 신용카드 결제 아이디어까지 실현하게 됩니다.

　오늘날의 소비자들이 사용하는 현금인출기와 신용카드 결제는, 이제 일상생활에서 기본적이지만 필수적인 기술이 되었습니다. 이렇게 없어서는 안 될 기술이 불과 수십 년 전 어느 평범한 은행원의 아이디어에서부터 출발했던 것입니다. 만약 리드가 남과 똑같은 생각을 벗어나지 못했다면 시티은행의 운명도, 지금 우리의 금융 생활도 꽤 다른 모습일지 모르지요.

　'은행이 고객의 돈을 끌어모으고 싶다면, 고객이 손쉽게 돈을 찾아 쓸 수 있도록 해야 한다.' 이것이 지금으로부터 50년 전에 리드가 했던 창의적인 역발상입니다.

※ 경쟁 업체를 이기기 위해 새로운 기술이나 서비스를 창출하기도 하지만, 비교 광고를 통해 소비자의 감성에 호소하기도 합니다. 아래의 두 가지 비교 광고가 의미하는 바와 그 효과가 무엇일지 생각해 봅시다.

(1)

(2)

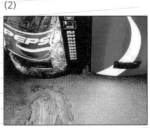

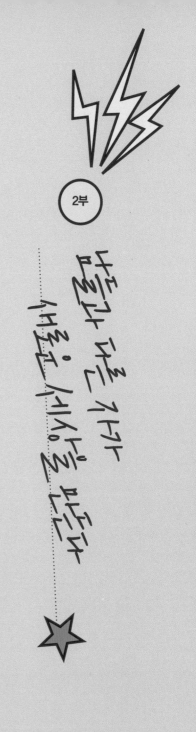

2부

나들과 나들 가가
모들과 나들 가가
서로를 서어하을 만든다

비록 작지만
오히려 대놓고 뻔뻔하게

; 단점이 때로는 위대한 장점이 된다

수열의 한 종류라고 생각하고, 다음 빈칸에 들어갈 말을 떠올려 봅시다.

XXL XL L M S ☐

무엇이 들어가야 할까요? 숫자가 아니라 영문자가 섞인 것을 보니 단순 숫자의 배열은 아닐 테고, 수열에 능통한 사람이라도 답을 쉽게 구할 수는 없을 것입니다. 하지만 이 문자의 배열을 유심히 본 독자라면 이 문자가 의류 사이즈를 나타낸 것이라는 것을 어렵지 않게 알아챌 수 있습니다. 그러나 이 문자가 의류 사이즈를 내림차순으로 배열한 것을 안다고 해도 '스몰 사이즈' 아래에 더 작은 사이즈를 나타내는 문자를 쉽게 생각해 내는 사람은 많지 않을 것입니다.(그렇게 작은 옷을 입는 사람은 흔하지 않으니까요.) '스몰 사이즈보다도 작다면 정말 작은 옷이겠구나.' 하고 생각은 할 테지만 말입니다.

XXL   XL   L   M   S   **Mini**

그런데 자동차 제조 회사 BMW에서는 이 문자 배열을 활용해 위와 같은 광고를 제작했습니다. 스몰 사이즈보다 더 작은 '미니'라는 뜻을 담은 이 광고. 어떻게 이런 광고가 나오게 되었을까요?

미니, 미국 시장을 뚫어야 한다

'BMW' 하면 언뜻 고급 세단을 떠올리겠지만, 이 회사에서 판매하는 차 중에는 이례적으로 굉장히 작은 차가 하나 있습니다. 요즘 한국에서도 심심치 않게 눈에 띄는 '미니쿠퍼'라는 차입니다. 통상 줄임말로 '미니'라고 부르기도 하지요. 이 차는 우리나라 경차와 차체의 크기는 비슷하지만 가격은 서너 배 이상 될 정도로 상당히 비싼 차에 속합니다.

작은 사이즈, 그렇지만 저렴하지 않은 가격. 그럼에도 불구하고 이 차는 어떻게 세계적으로 많은 사람에게 사랑을 받을 수 있었을까요? 값비싼 외제차를 과시욕으로 소유하는 사람들도 있으니 그럴 수 있다고 쳐도, 이 미니쿠퍼는 실용적 소비가

남들과 다른 차가 대중을 사로잡는다

비록 작지만
오히려 대놓고 뻔뻔하게

주를 이루는 유럽에서는 물론 자동차의 본고장인 미국에서도 큰 인기를 끌었습니다. 뭐니뭐니해도 미니쿠퍼의 성공은 마케팅 전략, 그중에서도 기발한 아이디어가 돋보이는 광고 전략이 주효한 결과입니다.

때는 2002년으로 거슬러 올라갑니다. BMW는 미국에서 새로운 자동차 모델 출시를 앞두고 있었습니다. 그런데 문제가 몇 가지 있었습니다. 무엇보다 가장 큰 문제는 2002년 당시 미국 사람들이 큰 차를 선호했다는 데 있었습니다. 사이즈가 큰 승용차, 하마같이 우람한 SUV가 선풍적인 인기를 끌 때였습니다. 광활한 대륙을 가진 미국에서는 좁은 도로, 좁은 주차장에서나 유용한, 미니와 같은 작은 차는 크게 매력이 없었던 것이지요. 세계에서 손꼽힐 정도로 저렴한 자동차 기름 가격도 미국인들이 작은 차를 선호하지 않는 이유 중에 하나였습니다. 이미 중대형 차가 시장의 중심으로 자리 잡은 미국에서 소형차를 판매해야 한다는 난관에 부딪힌 것입니다.

두 번째 문제는, 브랜드에 대한 인지도가 너무 낮았다는 것입니다. 미국인 100명 중에 고작 1~2명만이 BMW의 미니에 대해서 알고 있을 뿐이었습니다. 그야말로 적극적인 광고가 절실한 시점이었지요. 그런데 물량 공세로 광고를 쏟아부어도 시원찮을 마당에, 당시 광고에 쓸 수 있는 예산은 턱없이 한정되어 있었습니다. 신차 출시를 앞두고 이런저런 고민이 깊을 수밖에 없는 상황이었습니다.

저비용 고효율의 광고란?

영업 전략팀 사무실 창가에는 창밖을 바라보며 고민에 빠져 있는 한 사람이 있었습니다. 바로 미국 시장 마케팅을 담당하고 있는 팀장이었습니다.

'끊임없이 광고비를 지출해야 하는데 광고비가 턱없이 모자란다. 그렇다면 방법은?'

앞자리에 앉아 있던 부팀장이 어두운 표정을 짓고 있던 팀장의 표정을 유심히 지켜보더니 한마디 했습니다.

"팀장님, 결론은 하나입니다. 저비용 고효율의 광고 전략을 구사하면 됩니다. 아이디어로 승부하시지요."

"아이디어도 돈이 있어야 나오는 건데, 예산이 부족하면 아이디어를 실현시키는 데에도 한계가 있지 않을까?"

팀장이 부족한 예산을 안타까워하며 한숨을 쉬었습니다. 그러나 부팀장의 말에 기운을 얻은 팀장은 이내 마음을 추스르고 아이디어를 떠올리는 데 팀의 역량을 모으기로 합니다.

"팀원 여러분, 미국 시장은 우리가 반드시 개척해야 할 미지의 대륙입니다. 비록 상황은 열악하지만 우리 모두 생각을 모아 봅시다!"

그렇게 해서 영업 전략팀을 중심으로 '돈'으로 만든 광고가 아닌, '생각'으로 만든 광고가 잇달아 제작되기 시작합니다. 그리고 미니쿠퍼는 미국 전역에서 화제를 뿌리며 서서히 미국 대륙에 안착하기에 이릅니다.

남들과 다른 것이 새롭고 신선함을 만든다

비록 작지만
오히려 대놓고 뻔뻔하게

　큰 차를 선호하는 미국인에게 아예 대놓고 '그래, 우리 차는 작다.'라고 어필하는 위 옥외광고는 소비자의 웃음을 유발할 정도로 뻔뻔합니다. 손가락에 끼워 갖고 노는 장난감인 요요에 비유되는 자동차 미니의 왜소함이라니, 정말 기발하죠?

　이 광고는 단순히 유머 코드를 활용해 소비자에게 강한 인상을 남기기 위해 제작된 것만은 아닙니다. 아시다시피 요요는 꼬마 아이들도 가지고 노는 단순한 장난감입니다. 또 주머니에 넣고 다닐 정도로 휴대가 편한 장난감이지도 하지요. 이 차는 이 정도로 작지만, 상상을 초월하는 작은 사이즈 덕분에 핸들링이나 주차 등에서 장난감을 가지고 놀듯 자유자재로 다룰 수 있는 편안한 차라는 의미를 넌지시 알리고 있는 것입니다. 소

비자는 이 광고를 보고 웃음을 터트리면서도 그 광고 안에 담긴 미니의 장점을 자신도 모르게 인식하게 되는 것이지요.

배낭을 짊어지고 있는 한 여자가 히치하이킹을 하고 있는 위 사진은 미니가 작다는 것을 코믹하게 담은 또 하나의 광고입니다. 당시 미국 사람들이 선호하는 SUV는 도심을 조금 벗어난 한적한 도로에서 더욱 빈번하게 볼 수 있는 차였습니다.

그런데 이런 차는 차체가 높아서 운전자의 눈높이가 보행자의 눈높이보다 높은 곳에 위치합니다. 그래서 보행자, 특히 키가 작은 사람들이 보닛에 가려 운전자의 눈에 잘 띄지 않는 경우도 있었습니다. 이렇다 보니 보행자가 늘 안전사고에 노출되기 쉬웠습니다. 거대한 SUV가 가진 안전상의 맹점은 이 코믹

비록 작지만
오히려 대놓고 뻔뻔하게

한 광고 사진 한 장으로 미니의 강점이 됩니다. 이 광고는 미니가 앉아서 히치하이킹해야 할 정도로 '작은' 차임을 코믹하게 표현함과 동시에 거리를 지나는 키 작은 아이들도 운전자가 잘 볼 수 있는, 그래서 보행자에게 '안전한' 차임을 어필하는 것입니다.

자, 이번에는 다른 광고를 봅시다. 쓰레기 더미 안에 묻혀 있는 큼지막한 포장 박스가 보이나요? 이 박스 자체가 하나의 광고입니다. 쓰레기 더미가 어떻게 광고가 될 수 있냐고요?

쓰레기 더미를 유심히 살펴보세요. 자동차를 담았던 듯한 포장 박스가 보입니다. 이 정도 크기의 포장 박스는 텔레비전이나 냉장고 등의 가전제품에 주로 사용하지요. 가전제품과 마

찬가지로 박스에 넣어 택배로 배송할 정도로 작은 자동차라는 메시지가 포장 박스에 담겨 있는 것입니다. 포장 박스 자체가 하나의 완결된 광고 메시지가 된 사례이지요. 심지어 포장 박스의 겉면에는 자동차 디자인과 브랜드명, 그리고 가격까지 노출시켜 광고 효과를 극대화하고 있습니다.

생각해 보세요. 쓰레기 더미에 일부러 놓인 저 포장 박스가 어떤 회사의 제품을 교묘하게 홍보하고 있으리라고 누가 상상할 수 있을까요? 하지만 길가를 지나는 사람들의 호기심 어린 시선이 포장 박스에 머물 때마다 광고가 이루어지는 것입니다.

미니쿠퍼가 작정하고 '나는 작다.'라고 노골적으로 외치고 있는 광고들은 자동차 광고 시장에 커다란 자극을 주었습니다. 얼마나 큰지, 성능이 좋은지, 가격이 저렴한지, 디자인이 뛰어난지를 소비자에게 전달하려고 애썼던 기존의 자동차 광고를 무색하게 만들었지요. 유명인을 단 한 사람도 쓰지 않고, 심지어 최소의 예산만을 투자한 미니쿠퍼의 광고는 이렇게 성공 신화를 써 내려갔습니다.

작다는 단점을 숨기거나 감추려고 하지 않고, 오히려 그 작음을 대놓고 강조하는 광고는 소비자들의 마음을 사로잡을 수 있었습니다. '너희들이 생각하는 작은 차가 어느 정도인지 몰라도, 우리는 이만큼 작다. 아니 너희들이 상상하는 것 이상으로 작다.' 이런 식의 메시지를 담은, '뻔뻔하고 도도한' 광고가 먹힐 줄은 아무도 몰랐지요. 심지어 그 차를 구매하는 소비자들조차도 말입니다.

비록 작지만
오히려 대놓고 뻔뻔하게

'미니'가 작기만 한 것은 아니다

그렇다고 해서 미니쿠퍼가 처음부터 끝까지 '작은' 것만 강조했던 것은 아닙니다. 교통안전 표지용 원뿔 13개만을 이용한 아래 광고에는 단 1명의 사람도, 1대의 자동차도 등장하지 않지만 다른 자동차가 가지지 못한 미니쿠퍼만의 편의를 넌지시 암시하고 있습니다.

원뿔이 촘촘하게 늘어서 있는 이 광고는 일단 보는 이들의 호기심을 자극합니다. 오른쪽 하단의 조그마한 미니쿠퍼 로고만이 이것이 자동차 광고임을 나타내지요. 이 빨간색 원뿔을 보면 떠오르는 장면이 있지 않나요? 자동차 주행 성능 시험

장에서 자동차가 도로 곳곳에 세워진 원뿔 사이사이로 드나들며 다이내믹하게 코너링하는 모습 말입니다. 이렇게 촘촘하게 세워진 원뿔마저도 부드럽게 빠져나갈 정도로 민첩하고 정교한 핸들링이 가능하다는 것을 암시하는 이 광고는, 미니쿠퍼의 '사이즈'가 아닌 '첨단의 기능'을 널리 알리고 있습니다. 잘 빠진 자동차가 도로를 질주하는 화려한 영상이 아니더라도, 사소한 교통표지용 원뿔만으로도 훌륭한 광고가 될 수 있음을 보여주고 있지요.

대놓고 2등이라고 광고하는 회사

BMW의 미니처럼 거침없는 광고의 사례가 하나 더 있습니다. 두 번째 일화는 미국의 렌터카 회사 에이비스에 관한 것입니다. 이 회사 역시 일반적인 광고 전략과 매우 다른 형태를 취했습니다. 1952년 설립된 이 회사는 10여 년을 적자에 허덕이고 있었습니다. 그런데 이 회사는 새로운 사업 전략이 아니라 새로운 광고 전략을 개발함으로써 불과 몇 년 만에 흑자로 전환하는 데 성공했습니다. 그것은 바로 '2등 전략'이었습니다. 그들이 신문에 게재했던 광고 문구 중 하나는 다음과 같습니다.

"에이비스는 2등입니다. 그런데 왜 사람들은 에이비스를 이용할까요? ……(중략) 우리는 더 열심히 노력할 것입니다. 이왕

비록 각지만
오히려 대놓고 뻔뻔하게

차를 빌리실 거면 당신을 위해 열심히 일하는 사람한테서 빌리세요."

광고는 일반적으로 1등이 되기 위해 하는 것입니다. 그런데 아예 대놓고 2등이라고 고백함으로써 '2등 회사'라는 이미지를 못 박는 광고라니, 참 희한합니다. 재미있는 것은, 당시 에이비스가 렌터카 업계에서 2등이 아니었다는 점입니다. 2등이 아니라 10등 안에도 들지 못할 만큼 동종 업계에서 매우 뒤처져 있는 상태였지요. 그럼에도 2등이라고 광고를 하니 소비자들은 정말 에이비스가 2등 회사라고 믿게 되었습니다. 에이비스는 이런 광고들을 통해 '막강한 1등'이 아니라, '착한 2등'의 이미지를 만들어 낸 것입니다. 그리고 이런 이미지를 바탕으로 실제로 2등 회사로 발전하게 됩니다.

그들은 1등만이 살아남는 경쟁이 치열한 시장에서 1등을 제외한 모든 회사를 2등이라는 한 묶음으로 생각했습니다. 그리고 그 2등 그룹 중에서 '최고의 2등'이 되려고 노력했습니다. 일반적인 광고는 '1등'을 지향합니다. 누구나 1등이 되기 위해 광고를 만들고, 광고비를 쏟아붓지요. 1등이 아니면 아무도 기억하지 못한다는 말처럼 2등은 아무 의미가 없기 때문입니다. 그러나 에이비스는 착하고 성실한 2등임을 내세워 안정적인 2등의 자리를 노렸습니다. 만약 에이비스가 1등이라고 소리치며 광고에 많은 돈을 쏟아부었다면 어땠을까요?

아마도 참패했을 것입니다. 소비자도 1등이 누군지는 알고 있으니까요. 1등만 기억하기에 2등이 누군지 기억 못 하는 소비자의 허점을 에이비스는 그대로 꿰뚫었습니다. 에이비스의 이런 광고 전략에 소비자는 결국 에이비스를 진정한 2인자로 인식하기에 이릅니다. 왜일까요? 에이비스 외에는 2등이라고 말한 기업이 없었기 때문이지요. 2등임을 외치는 유일한 기업이, 실제로 2등이 될 수 있었던 것입니다. 광고를 1등이 되기위한 전략으로 보지 않고, 2등이 되기 위한 전략으로 볼 수 있었던 것, 바로 그것이 창의적인 생각입니다.

※ 자신의 단점 세 가지를 말하고, 그것이 남들에게 장점으로 인식되도록 관점을 바꾸어 이야기해 봅시다.

누구나 할 수 있게, 그래서 최고가 되다

: 한 사람의 천재보다 머리를 맞댄 대중이 지혜롭다

우생학의 아버지라 불리는 영국의 과학자 프랜시스 골턴은 소수의 엘리트가 사회를 발전시킨다고 믿는 사람 중의 하나였습니다. 그랬던 그가 1907년 85세 나이에 경험했던 어떤 사건을 통해 '대중의 판단'에 대해 다시 생각하게 됩니다. 어떤 사건이었을까요?

프랜시스 골턴은 어느 날 우연히 살진 소 한 마리의 무게를 알아맞히는 대회를 보게 됩니다. 참가 희망자들은 한 장에 6펜스씩 하는 티켓을 사서 자신이 생각하는 소의 무게를 적어 내고, 그중에서 정확한 무게를 맞춘 사람이 상금을 타게 되어 있었습니다. 대회에 참가한 사람은 모두 800여 명이었습니다.

골턴은 평소 소신대로 소에 대한 전문가가 저들 무리 중에

103

있다면 당연히 그 사람이 상금을 타 가겠거니 하고 생각했습니다. '전문가가 아니라면 저들이 무슨 수로 소의 무게를 맞힐수 있겠는가.' 하며 참가자들을 무시했지요. 참가자 중에 소 전문가가 없었는지 사람들이 써낸 소의 무게는 실제 몸무게와 꽤차이가 났습니다. 그런데 우연히 800여 장의 티켓을 모두 합해평균치를 계산해 보게 된 골턴은 깜짝 놀라고 말았습니다. 사람들이 써낸 소 무게의 평균값은 1,197파운드로, 실제로 측정한 소 무게 1,198파운드와 거의 완벽하게 일치하는 놀라운 결과가 나타났기 때문입니다. 오차는 불과 0.8%에 불과했던 것이지요. 골턴은 이런 내용을 바탕으로 과학 잡지 〈네이처〉에'여론'이라는 논문을 발표하며 무지한 다수의 군중이 완벽한판단을 했음을 인정했습니다.

이 사례는 개인이 할 수 없는 일을 집단은 가능하게 할 수있다는 '집단 지성'의 개념을 설명하는 데 종종 인용됩니다. 몇몇 사람의 머리보다는 서로 소통하고 협업했을 때 발휘되는 대중의 지혜가 훨씬 더 위력적인 문제 해결력을 가지고 있음을증명하는 예이지요. 이와 같은 집단 지성의 결정판이라고 할만한 현대 과학의 성과가 있어 이를 소개할까 합니다.

백과사전을 장난감 삼아

지미 웨일즈는 1966년 8월 7일 미국 앨라배마에 있는 '로

누구나 할 수 있게,
그래서 최고가 되다

켓의 도시' 헌츠빌에서 태어났습니다. 헌츠빌이 로켓의 도시로 불리는 이유는 미국 항공우주국(NASA)의 과학자들이 그곳의 우주비행센터에서 로켓을 개발하고 있었기 때문입니다. 지미 웨일즈의 호기심과 탐구심이 이런 마을 분위기에서 비롯되었는지도 모르지요.

지미 웨일즈는 초등학교 때부터 백과사전 읽기를 즐겼다고 합니다. 백과사전을 붙들고 있는 시간이 어찌나 많았는지, 그의 부모님이 지미의 유별난 백과사전 탐독을 걱정할 정도였습니다.

"지미, 밖에 나가서 친구들과 놀다가 들어오렴. 밤낮 백과사전만 붙들고 있으면 어떡하니?"

"백과사전만큼 재미있는 게 없어요. 백과사전 속에는 없는 게 없거든요."

지미 웨일즈에게는 백과사전이 곧 친구였습니다. 지미의 손에는 또래 아이들이 가지고 노는 장난감 대신 백과사전이 늘 쥐어져 있었습니다.

지미 웨일즈가 백과사전에 유별난 애착을 가졌던 데는 그만한 이유가 있었습니다. 지미 웨일즈가 세 살이었을 때 어머니는 그에게 백과사전 전집을 사 주었습니다. 백과사전을 사 주기는 했지만, 어린아이에게 과연 그것이 좋은 교육 방법이 될 수 있을지는 아버지와 어머니조차도 의심스러워했습니다. 그러나 지미 웨일즈는 네 살 때부터 백과사전을 읽어 내려가기 시작했습니다.

호기심 많던 지미 웨일즈가 어머니가 사 준 브리태니커를 접하고는 첫눈에 반해 버린 것입니다. 초등학교에 들어가서도 그의 백과사전 사랑은 변하지 않았습니다. 학교에서 선생님이 가르치는 내용이, 아니 그것보다도 훨씬 더 많은 지식이 백과사전에 안에 모두 담겨 있다는 사실을 깨달은 이후로 지미 웨일즈는 백과사전의 경이로운 세계에 점점 더 빠져들게 되었습니다.

그는 청소년기를 거치고 대학에 진학해서까지도 백과사전 읽기를 게을리하지 않았습니다. 그러던 어느 날, 10년이 넘도록 읽던 자신의 브리태니커 백과사전을 또다시 들춰 보던 지미 웨일즈에게 의문이 하나 생겼습니다.

'세상은 하루가 다르게 변하고 있는데, 백과사전은 그대로다. 10년 동안 세상은 몰라보게 바뀌었는데 백과사전의 내용은 하나도 변하지 않았어. 지금 내가 보고 있는 이 책 속의 세상은 이미 10년 전의 세상이야.'

어려서부터 백과사전을 비롯한 다양한 책들과 친했던 덕분에 세상 돌아가는 일에 해박한 지식을 가질 수 있었던 지미 웨일즈는 백과사전 자체에 대해서 남들보다 더 깊은 생각을 하게 되었습니다.

'사람들은 백과사전의 지식을 무조건 신뢰한다. 그런데 만약 백과사전에 오류가 있다면…… 백과사전을 믿고 따르는 대중들은 그것을 알 길이 없다. 그렇다면 그 오류는 누가 발견하고 누가 고치지?'

누구나 할 수 있게,
그래서 최고가 되다

'누피디아'에서 '위키피디아'로

백과사전의 태생적 모순을 간파한 지미 웨일즈는 마음속에 백과사전에 대한 큰 꿈을 품게 되었습니다. 1994년에 시카고 옵션 협회에서 연구 디렉터로 일하던 지미 웨일즈는 2000년에 회사를 그만두고, 그동안 모아 둔 돈으로 '누피디아'라는 프로젝트를 시작했습니다. 월드 와이드 웹을 기반으로 하고 전문가의 검증을 통해 문서가 작성되는, 일종의 온라인 백과사전이었지요. 인터넷에 접속만 할 수 있다면 누구나 무료로 접근할 수 있는 누피디아는 출판 업계가 긴장할 만큼 혁명적인 시스템이었습니다. 이 새로운 백과사전으로 지미 웨일즈의 '큰 꿈'이 이루어지는 듯했습니다. 그런데 1년 후 35살이 된 지미 웨일즈는 고민에 빠졌습니다. 1년 전 문을 연 온라인 백과사전 누피디아가 생각대로 기능하지 못하고 있었기 때문입니다.

문제는 누피디아에 올라가는 콘텐츠의 생산 방식에 있었습니다. 오류가 없고 정확한 정보 공급을 위해 주제별 전문가와 학자들이 7단계 공정을 거쳐 콘텐츠를 검토하고 승인하는 고된 작업을 해야만 했습니다. 그러다 보니 1년간 누피디아에 올라온 글은 20여 개에 불과했지요. 당시 25만 달러나 되는 큰 돈을 쏟아부은 사업이, 지지부진한 작업으로 좌초될 위기에 빠진 것입니다.

이때 누피디아의 수석 편집장인 래리 생어가 뜻밖의 아이디어를 내놓았습니다.

"누구나 웹사이트 내의 글을 언제든지 바꿀 수 있는 '위키'라는 프로그램이 있습니다. 이미 1995년에 개발된 거예요. 우리 누피디아에 이 프로그램을 적용해 보면 어떨까요?"

래리 생어의 말을 들은 지미 웨일즈는 반색을 했습니다.

"음, 그것을 이용하면 전문가뿐만 아니라 누구나 원하는 사람이라면 백과사전 작업에 참여할 수 있겠는걸?"

"그렇죠. 누구나 자유롭게 글을 작성할 수 있게 내버려 두고 우리는 구경만 하면 돼요."

"구태여 전문가를 고용하지 않더라도 누구나 인터넷에 접속할 수 있게 해서 되도록 많은 사람이 동시에 글을 쓰고 편집하면 작업이 훨씬 더 빨라질 수 있겠어."

"그런데 만약에 잘못된 내용이 올라오면 어떻게 하죠? 악의적으로 잘못된 정보를 올리는 사람도 분명히 있을 텐데……."

"걱정 말게. 많은 사람들이 참여할 수만 있다면, 그 잘못된 정보를 고칠 사람도 많아지지 않겠나. 일단 실행해 보세."

지미 웨일즈는 즉각 이를 실행에 옮겼습니다. 지미 웨일즈가 위키 소프트웨어를 서버에 설치하고, 래리 싱어는 프로젝트를 진행할 수 있도록 나머지 행정적인 부분을 신속하게 처리하면서 2001년 1월 10일, 드디어 '위키피디아'가 탄생했습니다. 위키피디아(Wikipedia)는 빠르다는 뜻을 가진 하와이어 'Wiki'에 백과사전이라는 뜻의 'Encyclopedia'가 합쳐진 말입니다.

위키피디아의 성장 속도는 놀라웠습니다. 누피디아 시절에는 1년에 걸쳐 고작 20여 개의 항목을 올린 것에 비해, 위키피

누구나 할 수 있게,
그래서 최고가 되다

디아는 시작한 지 한 달 만에 200개의 항목을 펴냈고, 1년이 지난 후에는 총 항목 수가 무려 1만 8,000개에 이르렀습니다. 그리고 2012년 기준으로 400만 항목에 이르면서 기하급수적인 성장을 보여 주었습니다. 또한 2011년 3월 기준으로 매달 4억 명이 방문하는 세계 최대 참고 웹사이트 가운데 한 곳이 되었으며, 지금 이 순간에도 매일 1,700건 가량의 새로운 글이 올라오고 있습니다.

누구나 어떤 항목에 대해서도 글을 쓰고 수정할 수 있다는 게 위키피디아가 급성장한 비결이었습니다. 웨일즈는 이 현상을 '피라니아 효과'라고 설명했습니다. 피라니아는 무리 중 한 마리가 먹이를 먹기 시작하면 나머지도 본능적으로 뛰어든다고 합니다. 이와 마찬가지로 위키피디아에 참여하고 싶은 사람들은 특정 항목에 대한 글이 올라오면 완전히 정리될 때까지 함께 공략했습니다. 누군가가 시작만 하면 그 글에 많은 사람이 몰려 글을 발전시키고 하나의 항목을 완성하는 것이지요. 지식을 공유하고, 키우고, 완벽하게 만들려는 수많은 선의의 동기가 모여 위키피디아를 만들어 온 것입니다.

이것이 바로 집단 지성의 힘

위키피디아의 항목은 이처럼 개방적인 시스템을 통해 지속적으로 수정과 보완이 이루어지고 있습니다. 종이책인 브리태니커 백과사전이 안정적인 대신 진부하다는 평가를 받는 반면, 위키피디아는 이러한 수정과 보완이 계속되어 244년 전통의 브리태니커(1768년에 처음 출간된 브리태니커는 2012년 3월 15일 종이책 출간이 중단되었다.)도 감히 가질 수 없었던 '열린 지식'이라는 새로운 가치를 창조했지요. 위키피디아는 누구나 항목을 신설하고 내용의 편집에 참여할 수 있습니다. 그러다 보니 종종 부정확한 내용이 올라오거나 의도적인 방해가 이루어지기도 하고, 악의적인 내용이 올라오기도 합니다. 그렇지만 '누구나' 그리고 '언제나' 사이트에 접근할 수 있는 위키피디아의 속성은 자체적인 자정 작용 역시 가능하게 합니다. 시간이 지날수록 집단 지성이 발휘되면서 문제점이 곧바로 수정될 수 있기에, 지금 이 순간에도 '완전무결함'을 향해 가는 '살아 있는 백과사전'이 된 것입니다.

위키피디아의 획기적인 특징 중 다른 하나는 '지적 재산권'으로부터 자유롭다는 점입니다. 지적 재산권은 특정한 지식을 특정한 사람만이 사용할 수 있도록 하는 권리라는 점에서 배타적인 개념이지요. 그러나 위키피디아의 지식은 수평 관계의 협업에 의해 민주적으로 생산된 것이기에 지식의 공유와 나눔이 자연스럽게 보장됩니다. 지적 재산권을 특정한 사람이 독점하지 않기에 세계에서 가장 영향력 있는 인터넷 사이트임에도 불구하고, 단 한 줄의 광고도 허락지 않고 순수한 기부금만으로 운영되는 것 역시 위키피디아의 놀라운 점이라고 할 수 있습니다. 위키피디아의 홈페이지에는 다음과 같은 글이 초기 화면에

세상을 바꾸는 가치, 세상을 바꾸다

누구나 할 수 있게,
그래서 최고가 되다

게시되어 있습니다.

만약 이 글을 읽는 모두가 커피 1잔의 값을 기부한다면, 1시간 만에 우리 모금은 끝날 것입니다. 만약 위키백과가 여러분에게 유용하다면, 1분만 시간을 내어 위키백과가 1년이라도 더 살아 있게 도와주십시오. 저희들이 모금을 그만두고 위키백과에 집중할 수 있도록 도와주세요. 감사합니다.

제가 위키백과를 처음 만들었을 때 저는 광고 표지를 띄워 상업적으로 운영할 수도 있었지만, 조금 다르게 하기로 마음먹었습니다. 상업은 좋은 일이고, 광고도 나쁜 일이 아닙니다. 하지만 여기 위키백과에서는 이를 허용하지 않습니다.

– 위키백과 설립자, 지미 웨일즈

또 위키피디아는 처음에는 영어로만 서비스를 했으나, 지금은 한국어(한국어 서비스는 2002년 10월부터 '위키백과'라는 이름으로 시작되었다.)는 물론 오지의 언어까지도 포함해 모두 200개 이상의 언어로 지식을 제공하고 있습니다. 명실상부한 세계적인 백과사전으로 성장했다고 할 수 있지요. 지미 웨일즈가 백과사전을 처음 접했던 어린 시절 이래로 늘 품어 왔던 오랜 꿈이 비로소 이루어진 것입니다. 지미 웨일즈는 이렇게 말합니다.

"지구에 사는 모든 사람이 모든 지식에 무료로 접근할 수 있는 세상을 상상해 보세요. 찢어지게 가난한 나라, 교육을 받지 못하는 곳에 있는 사람들도 접근할 수 있는 무료 백과사전 말입니다. 세상 모든 사람에게 지식의 힘이 전해지는 것, 우리가 하는 일이 그것입니다."

집단 사고는 집단 지성과 다른 것

집단 지성에 의한 상호 협력적인 의사소통 방식은 매우 효율적이면서도 강력합니다. 소수의 엘리트 중심으로 지식을 생산하고 유통시키는 '집단 사고' 방식에 비해 월등하지요. 참고로 집단 사고는 집단 지성과 명확히 구별되어야 합니다. 『지식 프라임』(밀리언하우스)에서는 다음과 같이 설명하고 있습니다.

집단 사고란, 결속력이 높은 비교적 소규모의 집단에서 이의 제기를 억제하고 합의를 쉽게 이루려고 하는 것을 말합니다. 이렇게 다른 의견을 배제하고 집단의 의견을 통일하는 과정에서 합리적인 이견이나 대안 분석은 영향력을 상실하고 결과에 대한 합리화의 경향마저 나타날 수 있습니다. 미국의 심리학자 어빙 재니스는 집단 사고의 원인으로 결속을 강요하는 집단 분위기, 외부 의견의 철저한 차단, 긴급 사태로 인한 위기감 등을 꼽았습니다.

우리는 흔히 집단 사고에 의해 의사 결정을 했음에도 불구하고 그것을 마치 집단 지성의 결과물인 양 착각하는 경우가

누구나 할 수 있게, 그래서 최고가 되다

많습니다. 집단 사고는 폐해가 훨씬 큰 만큼 이를 충분히 경계해야 합니다. 위키피디아야말로 집단 사고가 아닌 집단 지성의 위력이 드러난 대표적인 사례입니다. 어쩌면 집단 지성은 신속성, 정확성보다는 다수의 참여에 의해 가치중립적인 의견이 모아지는 데 더 큰 장점이 있다고 할 수 있지요.

그뿐만 아니라 위키피디아는 인터넷이 검색 중심의 소비 지향적인 행태에서 벗어나 지식을 생산하는 형태로 변모할 수 있는 가능성도 내비치고 있습니다. 집단 지성은 새로운 지식을 만들어 갑니다. 이러한 집단 지성을 통한 지식의 생산은 단순히 인터넷 상에서만 아니라 우리 사회 전반으로 확산될 수 있고, 곳곳에서 그러한 움직임이 감지된다는 점에서 주목할 만합니다. 우리 속담 중에는 '백지장도 맞들면 낫다.'라는 말이 있지요. 이 속담 역시 집단 지성의 힘을 일찌감치 예언한 말로, 대중의 집단적 지혜가 만들어 낸 또 다른 결과물이 아닐까 생각합니다.

※ 우리 주변에서 집단 지성의 힘이 발휘되고 있는 사례를 찾아봅시다. 그것이 집단 사고가 아니고 집단 지성이라고 생각하는 이유를 말해 봅시다.

스티브 잡스와
피터 잭슨이 발견한 보물

: 숨은 가치는 먼저 찾는 사람이 주인이다

　　중국의 춘추시대에 좋은 말을 잘 알아보는 백락이라는 사람이 있었습니다. 백락의 집은 자신의 말이 어떤 말인지 감정받기 위해 찾아오는 사람들로 언제나 북적거렸습니다. 그러던 어느 날 수심이 가득한 표정의 한 남자가 찾아왔습니다.

　　"저에게 훌륭한 말 한 마리가 있습니다. 말을 팔려고 시장에 내놓았지만 사흘이 지나도록 아무도 사려고 하지 않아요. 충분히 사례할 테니, 이 말을 감정해 주시겠습니까?"

　　잠시 후 그 남자를 따라 시장으로 간 백락은, 그 남자가 팔려고 내어 놓은 말이 꽤 좋은 말임을 직감하고 감탄하는 표정을 지었습니다. 백락은 표정 하나만을 남기고 별말 없이 그 자리를 떴습니다. 그런데 그의 표정을 읽은 시장 사람들이 웅성

대기 시작했습니다. 사흘 동안 그 말을 거들떠보지도 않던 사람들이 갑자기 몰려들어 말값은 순식간에 열 배로 뛰어올랐습니다. 백락의 명성은 이뿐만이 아닙니다.

며칠 후, 백락은 길을 가던 중 소금 수레를 끄는 볼품없이 늙은 말 한 마리를 우연히 봅니다. 그 순간 백락의 입에서는 절로 한탄이 터져 나왔습니다.

"하룻밤에 능히 천 리도 한달음에 달릴 수 있다는 천리마가 이렇게 썩고 있다니!"

용맹스러운 장군을 태우고 천하를 누벼야 할 천리마가 지금 자신의 눈앞에서 한갓 소금 수레를 끌고 있는 장면을 목격한 백락은 안타까운 마음에 자신의 옷을 벗어 말의 등에 덮어 주었습니다. 말은 자기를 알아주는 이를 만난 기쁨에 동네가 떠나가라 큰 소리로 울기 시작했습니다.

'아무리 명마라도 백락을 만나야 세상에 알려진다. 천리마도 이를 알아봐 주는 사람이 없으면 한낱 조랑말에 불과하다. 좋은 말을 판별해 내는 백락이 아니라면 아무리 훌륭한 말도 버려지기 일쑤인 것처럼, 아무리 훌륭한 인재 혹은 탁월한 사물이라도 그것을 알아보는 안목이 없으면 모두 버려질 수밖에 없다.'

백락의 이야기에서 유래한 '백락일고(伯樂一顧)'라는 고사성어는 이렇듯 여느 사람과 확연히 다른 창의적 안목의 중요성을 내포하고 있습니다.

이번에는 다음 페이지의 그림을 함께 살펴봅시다. 교과서에도 실릴 정도로 유명한 이 그림은 바로 보티첼리의 〈비너스의 탄생〉입니다. 그런데 위대하고 아름다운 대작으로 평가받는 이 그림이 400년 동안 어느 시골 창고에 방치되어 있었다는 사실이 믿어지나요? 그것도 숨겨져 있던 것이 아니라, 보티첼리가 그림을 그린 이래로 당연하다는 듯 줄곧 그래 왔다면요. 르네상스 시대에 최초로 중세 기독교적 세계관에서 벗어나 신화의 세계를 다루었다고 평가받는 이 그림은 15세기 당대의 화풍에서 많이 벗어났다는 이유로 당시 사람들로부터는 천대를 받았습니다. 당대 최고의 거장으로 칭송받던 라파엘로와 같은 화가가 예수와 성모 마리아를 다루었던 것에 반해 비너스는 아무래도 생뚱맞았던 모양입니다.

남들과 다른 작가 세릴로 세상을 만난다

스티브 잡스와 피터 잭슨이
발견한 보물

창의적인 무언가를 만들어 내는 것뿐만 아니라
맨 처음 흙 속의 진주를 발견했던 이처럼
세상이 주목하지 않는 것에서도
가치와 가능성을 알아보는 것 역시 창의적인 능력이다.

그런데 〈비너스의 탄생〉은 그려진 지 수백 년이나 지난 뒤에 영국의 어느 시골 창고에서 미술 비평가 러스킨의 눈에 띄었습니다. 우연히 이 그림을 접한 러스킨이 보티첼리의 작품이 지닌 엄청난 예술적 가치를 발견하는 순간이었지요. 그는 이처럼 위대한 작품이 대중의 무지몽매함 때문에 오랫동안 방치되어 있었다는 내용의 글을 신문, 잡지 등에 잇달아 발표합니다. 그의 글에는 〈비너스의 탄생〉에 대한 찬양의 마음은 물론 그림을 방치한 사람들에 대한 분노까지 담겨 있을 정도로 보티첼리에 대한 러스킨의 애정은 각별했습니다.

어쨌든 러스킨이 글을 발표한 후에 보티첼리의 그림에 대해 신드롬에 가까운 엄청난 관심이 쏟아졌고 보티첼리는 명장의 반열에 올랐습니다. 그래서 현재 〈비너스의 탄생〉은 돈을 주고도 살 수 없는 걸작 중의 걸작이 되었답니다. 자, 그렇다면 걸작 〈비너스의 탄생〉을 만든 것은 보티첼리일까요, 아니면 러스킨일까요? 이 물음에 대해 다음 두 일화를 읽어 본 뒤 다시 생각해 보기로 합시다.

톨킨이 가진 것, 잭슨 감독이 본 것

J. R. R 톨킨은 자신이 쓴 『반지의 제왕』이 큰 인기를 끌자, 뜻하지 않게 성가신 일을 겪고 있었습니다. 바로 불청객을 맞이하는 일이었습니다. 이 소설로 유명해진 톨킨에게 시시때때

스티븐 잡스와 피터 잭슨이
발견한 보물

로 손님들이 찾아온 것입니다. 그의 작품을 영화로 만들려는 사람들이었는데 톨킨은 그들을 매우 귀찮게 여겼습니다.

"선생님, 영화를 제작할 수 있게 반지의 제왕 판권을 저희 영화사에 넘겨주십시오. 부탁입니다. 돈은 얼마든지 드릴게요."

톨킨을 찾아온 영화사 관계자는 계속된 거절에도 불구하고 끈질기게 졸라 댔습니다. 그렇지만 톨킨은 완고하기 이를 데 없었습니다.

"내 소설은 결코 영화로 만들어질 수가 없네. 허튼 생각 말고 어서 돌아가 주게."

톨킨을 찾아온 영화사 제작자들은 한결같이 이와 같은 소리를 들어야만 했습니다. 톨킨이 했던 거절의 말은, 이미 수많은 독자를 확보한 자신의 소설에 대한 자부심의 표현이기도 했습니다. 톨킨은 판권을 사려고 불나방처럼 달려드는 영화사 관계자들의 생각과 달리, 자신의 소설이 영화화되는 것이 불가능하다고 생각했습니다.

그런데 이미 몇 번씩이나 퇴짜를 맞고도 줄곧 톨킨을 찾아오는 젊은이가 있었습니다.

"선생님, 제발 저에게 기회를 주십시오. 제가 영화를 만들 수 있게 허락해 주십시오. 영화로 제작되어 상영되기만 하면 로열티는 물론, 러닝 개런티를 비롯한 갖가지 권리를 선생님께 챙겨 드리겠습니다."

"이보게, 젊은 양반. 이 소설을 영화로 만들 수 있다고 어떻게 그리 자신하나. 반지의 제왕은 영화로 만들 수가 없는, 말 그대로 판타지라네."

젊은이는 아랑곳하지 않고, 며칠 후 다시 톨킨을 찾아왔습니다. 집 안에 들어서는 젊은이를 쳐다보던 톨킨이 그의 집념에 감동을 했는지, 아니면 귀찮았는지 손사래를 치며 말했습니다.

"자네에게 판권을 넘기겠네."

젊은이가 반색하며 말했습니다.

"선생님, 감사합니다. 금액은 얼마를 드리면 되겠습니까?"

"다시 한 번 말하지만, 이 소설은 영화로 만들어지기에 적합하지 않네. 설령 그게 영화로 만들어진들 몇 사람이나 그 영화를 보겠나. 기대도 안 하니 그 테이블 위에 있는 세금 고지서나 해결해 주게."

이렇게 해서 톨킨은 자신의 소설이 훗날 영화화되어 엄청난 흥행 열풍을 일으킬 줄은 상상도 하지 못한 채 헐값에 판권을 넘겨 버립니다. 젊은이는 톨킨이 건넨 세금 고지서를 들고 소속 영화사로 달려가서 세금을 납부하고 곧바로 계약서를 들고 와서는 『반지의 제왕』의 판권 계약을 마무리했습니다. 그 젊은이가 바로 훗날 『반지의 제왕』을 세 편이나 영화로 제작해 세상에 널리 알린, 영화감독 피터 잭슨입니다.

피터 잭슨이 판권을 사들였다는 소식을 접한 그의 지인들은 그를 깊은 우려의 눈으로 바라보았습니다. 원작자인 톨킨마저도 불가능하다고 했던 작품을 영화화하는 것이 과연 가능하겠는지, 설사 영화화된다고 하더라도 그것이 대중에게 인기를 얻

스티브 잡스와 피터 잭슨이
발견한 보물

을 수 있을지, 모든 것이 의아스러운 상황이었습니다. 그러나 피터 잭슨 감독은 그들의 우려를 보기 좋게 날려 버렸습니다. 소설 속에서나 가능했던 흥미진진한 이야기가 은막 위에서 마술처럼 펼쳐진 것입니다.

영화 〈반지의 제왕〉 시리즈 세 편은, 2004년 제76회 아카데미 시상식에서 작품상, 감독상, 각색상을 모두 차지했을 정도로 놀라운 상상력의 산물이었습니다. 영국의 영화 잡지 〈엠파이어〉는 그가 가진 영화에 대한 열정과 상상력을 높이 평가하여 일찌감치 21세기 가장 유망한 감독 중의 한 명으로 피터 잭슨을 꼽기도 했지요. 반면 톨킨에게 문학적 창의성은 풍부했지만 숨겨진 미래 가치를 감지하는 창의적인 안목은 부족했던 모양입니다.

제록스가 가진 것, 잡스가 본 것

우리 주위에서도 이와 비슷한 경우를 발견할 수 있습니다. 지금도 복사기로 명성이 자자한 제록스 사는 1980년대에 이미 정보화 기기 시장을 석권하고 있었습니다. 타의 추종을 불허하는 시장 지배력에 다른 회사가 감히 넘볼 수 없는 기술력까지 겸비한 회사였지요. 제록스는 당시 다수의 연구소를 운영하고 있었습니다. 그중 하나인 팔로알토 리서치 센터는 수많은 연구원들이 한군데에서 숙식을 같이 하며 첨단 기기를 개발, 연구하는 '제록스 사의 심장'이라 부를 만한 곳이었습니다.

이 연구소는 당시 외부 사람들에게 공개되어 다른 회사의 직원이라도 사전 승낙이 있다면 얼마든지 방문이 가능했습니다. 그만큼 제록스 사는 당시 정보화 기기 시장에서 기술력과 시장 지배력에 대한 자신감에 차 있었습니다. 오늘날에는 산업 스파이가 횡행해 경쟁 회사에 자회사의 정보가 새 나가는 것을 극도로 꺼립니다. 심지어 회사 물건이라면 종이 한 장이라도 유출되는 것을 막기 위해 첨단 시스템이 설치되는 시대니까요. 외부인에 대한 엄격한 통제가 이루어지는 요즘과 비교하면 격세지감이 느껴집니다.

어느 날 이 팔로알토 연구소에 몇 명의 애플 컴퓨터 직원들이 단체 방문합니다. 1970년 후반 창립한 애플 사는 이제 막 걸음마를 시작하는 단계였으니, '잘나가는' 제록스를 벤치마킹하고자 했던 것은 어쩌면 당연한 일이었지요. 그런데 애플 직원 중의 한 사람이 연구실 여기저기를 탐방하다가 흥미로운 장면을 목격합니다. 제록스 직원들이 컴퓨터 화면에 손톱처럼 자그마한 그림들을 띄워 놓고 작업을 하고 있는 것이었습니다.

당시만 해도 컴퓨터 작업은 거의 텍스트 작업이었습니다. 키보드를 통해 명령어를 입력하거나 커서를 움직여 해당 텍스트를 선택하는 작업이 주를 이뤘지요. 그런데 제록스 직원들은 텍스트 없이 그림 위에서 엔터키를 누르고, 또 그림에서 그림으로 이동하면서 컴퓨터를 작동시키는 것이었습니다. 이것은 당시 제록스 직원들이 고안해 내어 회사 안에서 직원들끼리만

남과 다른 취가 새로운 세상을 만든다

스티브 잡스와 피터 잭슨이
발견한 보물

사용하던, 간이로 만든 일종의 컴퓨터 운영체제였습니다.

그때 그곳을 방문하고 있던 한 애플 직원이, 어떤 젊은 제록스 직원에게 말을 걸었습니다.

"이 운영체제는 누가 개발한 것입니까?"

"제가 속한 팀에서 함께 만들었는데, 왜 그러시죠?"

"아, 아닙니다. 제 컴퓨터와 달라 보여서요."

제록스 직원에게 말을 걸었던 애플 사의 직원은 짐짓 무덤덤한 척 대답했지만 그 젊은 제록스 직원에게서 명함 한 장을 받아들고는 마음속으로는 표정 관리를 하기 어려울 정도로 한껏 들떠 있었습니다. 그 애플 사 직원은 당초 계획했던 방문 일정이 속히 끝나기만을 기다렸다가 방문 일정이 끝나자마자 기다렸다는 듯이, 제록스 연구소를 뒤로 한 채 어디론가 바쁜 걸음을 재촉했습니다. 그 사람이 바로 훗날 애플의 CEO가 된 스티브 잡스입니다.

그로부터 몇 달 후, 제록스 연구소에서 잡스와 대화를 나누었던 바로 그 젊은 제록스 직원이 애플 본사로 출근하기 시작했습니다. 어찌된 일일까요? 사정은 이러했습니다.

스티브 잡스가 보기에 제록스 직원이 다루던 컴퓨터 화면은 대단히 창의적이고 기발해 가히 혁명적이었습니다. 자신이 만들 컴퓨터에 탑재할 수만 있다면, 이 세상의 컴퓨터는 모두 애플의 로고를 달 수밖에 없을 것이라는 확신이 들었습니다. 그래서 그는 방문 일정이 끝난 후 명함을 건네받은 제록스 직원에게 파격적인 대우를 해 주겠다는 제안을 하며 그 운영체제를 만든 사람들과 함께 애플 사로 들어와 주기를 간청했습니다. 물론 쉽지 않았으나 끈질긴 구애 끝에 결국에는 제록스 직원들을 영입하는 데 성공하게 됩니다.

이때 영입한 제록스 직원으로부터 얻은 아이디어가 지금의 애플 컴퓨터와 아이폰, 아이패드의 모태가 되는 GUI(Graphical User Interface)가 되었습니다. '그래픽 유저 인터페이스'란 사용자가 그래픽을 통해 컴퓨터와 정보를 교환하는 작업 환경을 말합니다. 이제까지의 사용자 인터페이스는 키보드를 통한 명령어로 작업을 수행시켰고 그 결과를 화면에 문자로 표시했다면, 그래픽 유저 인터페이스에서는 마우스 등을 이용해 화면의 메뉴 중에서 하나를 선택해 작업을 지시합니다. 지금으로서는 당연한 시스템이지만 당시에는 그야말로 획기적인 운영체제였습니다.

대부분의 사람은 아무렇지 않게 보아 넘겼지만, 잡스는 이 시스템이 지닌 엄청난 사용자 편의성과 시장에서의 잠재성을 단박에 알아보았습니다. 이 기술 덕분에 애플은 개발과 발전을 거듭하며 최고의 전성기를 맞이하게 됩니다. 이후에 스티브 잡스는 이렇게 말했다고 합니다.

"제록스 사람들은 자신들이 무엇을 가졌는지도 모르고 있었습니다. 만일 그들에게 자신들의 연구소에서 개발한 시스템

새로운 도구 하나가 새로운 세상을 만든다

스티브 잡스와 피터 잭슨이 발견한 보물

을 바탕으로 컴퓨터 시장에 도전해 볼 비전이 있었다면 제록스는 오늘날 컴퓨터 산업 전체를 지배할 수도 있었을 것입니다. 그리고 그 성공을 통해 마이크로소프트나 IBM보다 열 배는 더 큰 기업으로 성장할 수 있었을 것입니다."

창의적 산출물을 만드는 것도 중요하지만, 창의적 산출물을 발견하거나, 혹은 창의적 산출물이 될 가능성을 포착하는 것도 그에 못지않게 중요합니다. 끝으로 여러분에게 이런 질문을 해 보고 싶네요. 검은 바탕에 커서가 깜빡이는, 도스 형태의 운영 체제에서 하루아침에 벗어나 누구나 어렵지 않게 사용할 수 있는 컴퓨터가 보편화된 것은 누구의 덕분일까요? 제록스의 젊은 직원일까요, 스티브 잡스일까요?

**생각
연습**

※ 다음 문제에 대해 생각해 봅시다.

(1) 내가 가진 가능성을 인정해 주는 사람은 누구인가요? 그 사람은 나의 어떤 점을 장점으로 보아 주나요?

(2) 내가 인정하는 사람은 누구인가요? 나는 그 사람의 어떤 점을 높게 평가하나요?

Story 12

설사약을 싣고
아프리카를 누비는
코카콜라

: 융합이 더 큰 효과를 가져온다

아래 사진을 봅시다. 무엇처럼 보이나요?

빨간 박스 안에 담긴 것은 콜라인데, 콜라 병 사이로 사각 용기가 끼워져 있습니다. 자세히 살펴보면 사각 용기 위에 '야모요(Yamoyo)'라고 쓰여 있는 것을 볼 수 있을 것입니다. 야모요는 세계 각지에서 온 구호 자금을 통해 무료로 공급되는 약품의 일종입니다. 야모요는 아프리카 방방곡곡으로 보내져 설사로 고생하는 아프리카 난민들에게 나누어 줄 설사약입니다. 그런데 왜 코카콜라 박스에 야모요가 담겨 있는 것일까요?

126

설사약을 어떻게 나를 것인가

1980년대 초 영국의 사이먼 베리라는 사람이 구호 단체를 설립했습니다. 이 구호 단체가 하는 일은 아프리카 난민을 돕는 것이었습니다. 사이먼 베리는 아프리카 아이들이 기아와 질병으로 수없이 죽어 간다는 소식을 우연히 접하고 오래전부터 개인적으로 구호 활동을 해 왔습니다. 그러다가 뜻을 같이하는 동료들을 모아 구호 단체를 설립하고 조직적으로 아이들을 구하고자 의기투합하게 됩니다. 사이먼 베리가 주로 하고자 했던 구호 활동은 병들어 죽어 가는 아이들을 위해 응급 약품을 보급하는 것이었습니다.

"아프리카 아이들은 사망률이 높은데, 주로 설사 때문에 죽는 경우가 많네. 무엇보다도 급한 것이 설사약이야."

사이먼 베리가 동료에게 말했습니다.

"여보게, 사이먼! 아프리카 아이들이 왜 그렇게 설사병이 심한가?"

"무엇보다도 사람들이 마음 놓고 마실 만한 깨끗한 물이 없기 때문이야. 아이들이 웅덩이에 고인 물을 함부로 마시다 보니 자연히 설사병이 따라오는 것 같네. 더구나 잘 먹지도 못해서 영양 상태가 형편없다 보니 면역력도 떨어지고, 설사병으로도 결국은 사망에 이르고 말지."

사이먼이 파악한 아프리카의 실상은 그야말로 참담했습니다. 먹을 것이 없어 기아로 죽어 가는 아이들만큼이나 설사로

127

목숨을 잃는 아이가 너무나 많았던 것입니다.

사이먼이 구호 단체를 설립하자마자 빠른 속도로 구호금이 걷히기 시작했습니다. 사이먼은 여기저기 인맥을 동원해서 제약사로부터 설사약을 비롯한 응급 약품을 무상으로 제공받기도 했습니다. 이렇게 해서 사이먼의 창고에는 구호에 쓰일 각종 약품이 쌓여 갔지요. 모든 것이 순조로워 보였습니다.

그런데 사이먼은 뜻밖의 난관에 부딪혔습니다. 아프리카 아이들에게 전달할 약품은 웬만큼 확보가 되었으나, 이를 광활한 아프리카의 구석구석까지 나르는 데 엄청난 경비가 필요하다는 것을 깨달은 것입니다. 1개에 1,000원도 안 되는 약 상자를 전달하기 위해 약값의 수십 배, 수백 배에 달하는 유통비를 감수해야만 했습니다. 구호 단체에 그렇게 큰돈이 있을 리가 없었지요. 사이먼은 절망했지만, 다시 한 번 마음을 다잡고 동료들과 함께 생각을 모아 보기로 했습니다.

"유통비를 도저히 감당할 수가 없네. 어떻게 하면 좋을까?"

사이먼이 한 가지 대안을 내놓았습니다.

"운송 회사와 협약해서 운송비를 아껴 보는 것은 어떨까?"

"아프리카로 배달되는 물품의 양 자체가 적어서 대형 운송 회사도 아프리카로 운송하는 것을 꺼린다고 하네. 굳이 운송 회사에 맡긴다면 고액의 운송료를 요구할 걸세. 경비 절감 효과가 그리 크지 않네."

한때 운송 회사에서 근무했던 마이크가 절망적인 목소리로 대답했습니다. 그러자 사이먼은 또 다른 의견을 내놓았습니다.

설사약을 싣고
아프리카를 누비는 코카콜라

128

"한 번에 대량으로 운송하면 운송비를 줄일 수 있지 않을까?"

또 다른 동료가 다음과 같이 대답했습니다.

"우리가 보내고자 하는 것은 응급 약품이네. 무엇보다도 필요한 곳에 신속하게, 또 광범위하게 보내져야 해. 그 많은 약품을 과연 어디에 보관할 수 있을 것이며, 설령 보관이 가능하다고 한들 한꺼번에 쌓아 두고 일시에 배달이 이루어지지 않으면 약품의 유효 기간이 지날 수도 있을 거야. 더욱이 한곳에 쌓아 둔 약품을 다시 여러 곳으로 배달하는 것은 마찬가지 문제를 일으킬 걸세."

"이도 저도 안 된다면, 차라리 우리 사무실을 아프리카로 옮겨 버립시다."

사이먼이 비장하게 말했지만, 돌아오는 동료들의 반응은 너무나 현실적이었습니다.

"아프리카에서는 구호금을 모금하는 것이 쉽지 않을 걸세. 그리고 약품을 기증받는 것도 영국에서나 가능하지 아프리카에서는 더욱 힘든 일일 거야. 아프리카에 사무실을 차린다고 해도 역시 유통에는 문제가 있네. 그리고 무엇보다도 우리 모두에게는 가족이 있네. 가족들을 두고 타향에 가서 산다는 게 말이 쉽지, 과연 가능할까?"

많은 사람들이 아이디어를 짜내 보았지만 묘안이 나오질 않았습니다. 응급 약품을 확보하고도 이를 전달하지 못하는 안타까움과 함께 사이먼의 고민은 깊어만 갔습니다.

코카콜라는 사랑을 싣고

햄버거로 점심을 때우고 있던 사이먼은 콜라를 마시다가 뜻밖의 아이디어를 하나 생각해 냅니다.

"코카콜라를 마시지 않는 사람은 없지? 코카콜라가 판매되지 않는 나라도 없지?"

함께 햄버거를 먹던 동료가 물었습니다.

"그렇지, 콜라는 이미 세계적인 음료가 된 지 오래지 않나. 그런데 갑자기 왜 그러나, 사이먼?"

"아프리카에도 콜라는 있지? 하하하! 이 콜라와 설사약을 함께 배달하는 방법을 한번 궁리해 보세."

사이먼은 얼굴에 미소를 가득 머금고 종이에 무엇인가를 부지런히 써 내려가기 시작했습니다. 그 종이에는 아프리카 아이들을 살려 낼 설사약이 어떻게 아프리카 전역으로 배달될 수 있는지에 대한 아이디어가 구체적으로 적혀 있었습니다. 얼마 되지 않아 사이먼은 동료들을 불러 모아 자신의 아이디어를 설명하기 시작했습니다.

"우리는 전 세계 어디서든 코카콜라를 만날 수 있습니다. 그들의 유통망은 지구 곳곳에 촘촘히 박혀 있어요. 아프리카에 약은 없어도 코카콜라는 있습니다. 코카콜라를 이용합시다."

1988년, 사이먼 베리는 이와 같이 기발한 생각을 했습니다. 아프리카 빈민에게 응급 약품을 전달하는 데 필요한 어마어마한 유통비가 없어서 고민하던 와중에, 전 세계에 거미줄처럼

130

설사약을 싣고
아프리카를 누비는 코카콜라

뻗어 있는 코카콜라의 유통망을 떠올린 것입니다. 그래서 특별한 디자인으로 응급 약품을 포장한 뒤 코카콜라 박스 안에 그것을 집어넣어 배달하기로 했지요. 그러기 위해서 약품 상자는 역사각뿔 모양으로 만들어졌습니다. 이렇게 약 상자를 만들고 보니, 기존에 배달되던 콜라 박스 부피에 거의 영향을 미치지 않으면서도 콜라 박스 1상자에 10개의 약 상자를 집어넣을 수 있었습니다.

유일하게 걸리는 한 가지 문제는 코카콜라 물류 팀이 과연이 약 상자를 무료로 배달해 줄까 하는 것이었습니다. 그런데 사이먼은 굳이 무료로 무임승차해서 그들에게 폐를 끼치고 싶지 않았습니다. 그들이 약 상자를 배달하는 데 책임을 가지고 사고 없이 배달할 수 있게끔 하려면 최소한의 경비를 지급하는 것이 오히려 낫다고 생각한 것이지요. 그래서 사이먼은 운송업 자가 얼마간의 이득을 취할 수 있도록 약간의 경비를 지급하기로 일찌감치 결정합니다.

콜라 라이프(Cola Life)

사이먼이 제작한 설사약 키트는 야모요라는 이름을 달고 코카콜라 박스 사이사이에 끼워졌고, 잠비아를 시작으로 아프리카 전역에 원활하게 보급되기 시작했습니다. 아프리카 아이들의 기아와 질병에 가슴 아파했던 사이먼의 노력이 결실을 맺는 순간이었지요. 다행히 운송업자들과 소매상은 사이먼의 고귀한 뜻을 이해하고 운송료의 인상이나 또 다른 편의를 요구하지 않고 지금 이 순간까지도 야모요를 잘 배달해 주고 있습니다.

야모요 키트는 점점 발전을 거듭해서 설사약에 비누 및 아연 보충제를 더했고, 탈수증 치료를 위한 약품도 넣게 되었습니다. 또 그 약품들을 담고 있는 케이스는, 약품을 받은 아프리카 주민들이 여러 가지로 재활용할 수 있도록 다기능 용기로 만들었습니다. 지금도 아프리카를 운행하는 거의 모든 코카콜라 운반 차량과 박스 안에는 아프리카 사람들을 살리는 야모요 키트가 함께 실려 광활한 아프리카 대륙을 누비고 있습니다. 사이먼이 설립한 구호 단체는 콜라 유통망으로 아프리카

설사약을 싣고
아프리카를 누비는 코카콜라

아이들의 생명을 살린다는 뜻을 내포한 '콜라 라이프(Cola Life)'
라는 이름으로 세계 굴지의 구호 단체가 되었습니다.

세종대왕이 활용한 기발한 유통 경로

창의적인 유통 경로를 개척한 사람이 비단 영국의 사이먼
베리만은 아니었습니다. 우리나라에는 이보다 약 500년 앞
서 기발한 유통 경로를 개척한 사람이 있습니다. 세종대왕은
1446년에 훈민정음을 반포하고, 이 새로운 문자를 보급하기
위해 『용비어천가』, 『석보상절』, 『월인천강지곡』과 같은 훈민
정음으로 쓴 서적들을 편찬했습니다. 그러나 생각보다 전파 속
도가 빠르지 않을뿐더러, 책이 서민들에게까지 미치는 데는 한
계가 따랐습니다. 그래서 세종대왕은 고민에 빠지게 됩니다.

"어떻게 하면 훈민정음을 많은 사람들에게 빨리 전파할 수
있을까?"

요즘 같으면 텔레비전이나 인터넷 등을 통해 삽시간에 훈민
정음의 창제 사실과 원리, 장점 등을 퍼뜨릴 수 있을 테지만, 당
시에는 오늘날과 같이 신속한 전파는 기대하기 어려웠습니다.
조선 팔도 방방곡곡에 훈민정음을 알릴 묘안을 신하들에게도
물었으나 시원스러운 해법은 나오지 않았지요.

"대신들은 들으시오. 새로 만든 이 문자를 최대한 빠르게 전
파할 수 있는 방법이 뭐 없겠소?"

고을마다 방을 붙이자는 의견이 나왔으나 글자를 모르는 백성들이 방을 읽을 수도 없을뿐더러, 서민들은 방에 관심을 두는 일도 없었습니다. 그렇다고 일일이 집집마다 돌아다니며 오늘날 택배처럼 훈민정음을 배달할 수도 없는 일이었고요. 이때 세종대왕이 생각해 낸 것이 바로 '돈'입니다. 돈만큼 여러 사람의 손을 두루두루 거치며 조선팔도를 돌아다닐 것은 없다고 생각한 세종은, 동전에 훈민정음으로 된 글자를 새긴 별전(別錢)을 제작하게 하는데 이것은 정상적으로 통용되는 주화 이외에 따로 발행된 일종의 기념주화라고 할 수 있습니다. 세종은 이 별전에 '효데례의'라는 네 글자를 새겼는데, 이는 부모에게 효도하고 형제간 우애를 도탑게 하며 예절과 의리를 지키라는 의미를 담은 말이었지요.

　세종대왕이 창제한 훈민정음이 국제 사회에서 그 창의력을 인정받았다는 것은 널리 알려져 있는 사실입니다. 그뿐만 아니라 세종대왕이 당시에 훈민정음을 신속하게 홍보하기 위해 화폐의 유통 경로를 활용하고자 했다는 사실, 그 상상력은 가히 천재적이라는 평가 이외에 다른 말이 떠오르지 않을 정도로 놀랍습니다.

설사약을 신고
아프리카를 누비는 코카콜라

※ 다음 문제에 대해 생각해 보고
의견을 나누어 봅시다.

(1) 전화나 인터넷을 사용하지 않고 먼 곳에 사는 친구와 의사소통할
수 있는 아이디어를 생각해 봅시다.

(2) 우편이나 택배를 사용하지 않고 먼 곳에 사는 친구에게 물건을 전
달할 수 있는 방법을 생각해 봅시다.

다 뚫는 창과
다 막는 방패가
존재할까?

: 모순 속에 더 큰 가능성이 있다

말의 앞뒤가 맞지 않을 때 쓰는 '모순(矛盾)'이라는 단어에는 다음과 같은 옛이야기가 전해집니다. 어느 날 초나라 장사꾼이 저잣거리에 방패(盾)와 창(矛)을 늘어놓고 팔고 있었습니다.

"자, 여기 이 방패를 보십시오. 이 방패는 어찌나 견고한지 제아무리 날카로운 창이라도 막아 낼 수 있습니다."

이렇게 자랑한 다음에는 창을 집어 들고 외쳐 댔습니다.

"자, 이 창을 보십시오! 이 창은 어찌나 날카로운지 꿰뚫지 못하는 방패가 없습니다."

그러자 구경꾼들 속에서 이런 질문이 튀어나왔습니다.

"그럼, 그 창으로 그 방패를 찌르면 어떻게 되는 거요?"

부드러운 카리스마가 세상을 만든다

모순 속에 감춰진 가능성

과연 장사꾼은 뭐라고 답했을까요? 그곳에 모여 있던 구경꾼들은 아마도 대답을 듣지도 않고 장사꾼을 비웃으며 서둘러 자리를 떠났을 것입니다.

그런데 만에 하나, 장사꾼이 팔려고 하던 창과 방패가 장사꾼의 말마따나 진품이었다면 어떻게 될까요? 자리를 떠난 구경꾼들은 세상에 하나뿐인 최고의 상품을 눈앞에서 놓치고 만꼴이 된 것입니다. 창과 방패가 진품임을 아는 장사꾼이 구경꾼의 돌발 질문을 듣고, 자신의 말을 증명하기 위해 여러 사람들 앞에서 창과 방패를 서로 부딪쳤다고 다시 가정해 봅시다. 어떤 일이 일어날 수 있을까요?

창과 방패가 진품이라는 가정 하에, 창이 부러지고 방패가 깨지는 일이 일어날 수 있겠지요. 이런 일이 벌어진다면 창이 부러졌으니 방패가 창을 막았다고 볼 수 있습니다. 또 방패가 깨졌으니 창이 뚫었다고도 볼 수 있지요. 장사꾼의 이야기는 논리적으로 앞뒤가 맞지 않을 것 같았지만, 실제로 이런 일이 벌어진다면 창과 방패는 그의 말대로 진품이 되는 것입니다. 겉으로 드러난 모순 속에 감추어진 가능성을 발견한 자만이 세상에 하나뿐인 창과 방패를 얻을 수 있습니다. 그러나 구경꾼들은 '모든 방패를 뚫는 창과 모든 창을 막아 내는 방패', 그 둘을 한꺼번에 얻을 수 있는 기회를 날려 버리고 말았습니다.

장사꾼이 팔려고 했던 창과 방패가 가진 모순은 또 다른 방식으로 재치 있게 극복될 수도 있습니다. "당신 창으로 당신 방패를 찌르면 어찌 되오?"라는 질문에 "창이 방패를 절반쯤 뚫게 됩니다."라고 답한다면 말이지요. 창과 방패가 진품이라면 이러한 일도 얼마든지 일어날 수 있습니다. 방패가 반쯤 뚫렸으니 창이 방패를 뚫었다고 볼 수 있고, 또 방패가 깨지지 않았으니 방패의 입장에서는 창을 막아 냈다고 볼 수 있는 것이지요.

그럼에도 불구하고, 옛이야기 속의 구경꾼들이 이 진품을 외면한 것은 바로 이 창과 방패가 말 그대로 '모순' 관계에 놓여 있기 때문입니다. 그리고 그 모순을 당연시하고 극복이 불가능한 것으로 여겼기 때문이지요. 모순을 대했을 때 그것을 피하거나 극복하려는 의지를 저버리는 것이 평범한 사람들의 태도입니다. 둘 중에 하나를 선택할 수 있을 뿐, 둘 모두를 취할 수 없다고 생각하는 것은 일종의 고정관념이지요. 이 모순을 깨뜨리지 않으면 어떤 성과도 기대하기 어렵습니다.

모순을 극복하는 과정에서 창의성이 발현되는 예는 인류의 지난 역사 속에서 수없이 많이 찾아볼 수 있습니다. 바꿔 말해 모순을 극복하는 사고방식 자체가 창의적 사고인 것이지요.

구글이 극복한 모순은 무엇인가?

그럼 모순을 극복한 사례를 현대 사회에서 찾아볼까요? 각종 인터넷 포털을 보면 갖가지 광고가 덕지덕지 붙어 있는 것

다 뚫는 창과 다 막는 방패가 존재할까?

을 볼 수 있습니다. 이는 어찌 보면 당연한 일입니다. 인터넷 포털의 경우, 첫 화면에 되도록 많은 광고를 싣고 거기서 얻어지는 수익으로 회사의 이익을 창출하는 사업 구조를 가지고 있기 때문입니다. 심지어 어떤 사이트의 경우에는 광고가 차지하는 면적이 본래의 사이트 면적보다 더 크기도 합니다. 배보다 배꼽이 더 큰 경우이지요. 이는 광고 수입으로 회사를 유지하는 인터넷 관련 기업의 속성상 어쩔 수 없는 일입니다.

그런데 안타깝게도 첫 화면에 광고가 많아지면 인터넷 접속 속도가 느려집니다. 빠른 접속 속도를 원하는 네티즌에게 이렇게 트래픽이 많이 걸리는 광고 삽입은 짜증거리일 수밖에 없지요. 또한 회사의 서버에도 부담이 됩니다. 그렇다고 광고 수를 무턱대고 줄일 수는 없습니다. 그래서 인터넷 포털 사업자는, 접속 속도와 기업 이익 창출 사이에서 적절한 광고의 개수를 정하느라 골머리를 썩습니다.

이 과정에서 모든 것을 뚫는 창과 모든 것을 막아 내는 방패처럼 '광고는 많아야 하고 속도는 빨라져야 한다.'는 모순이 발생합니다. 이는 '광고가 많으면서 동시 적어야 한다.'는, '말도 안 되는' 이야기와 다를 바 없지요. 많은 광고와 빠른 속도 둘 중에 하나만 선택해야 하는 상황에 직면하게 된 것입니다.

이를 극복하기 위해 인터넷 관련 후발 기업들은 사업 초기에 사이트 첫 화면에 되도록 많은 양의 광고를 실을 수 있는 기술을 개발하려고 노력했습니다. 이때 구글이 선택한 발상은 다음과 같습니다.

"첫 화면에서 광고를 모두 빼고 나중에 보여 주면 어떨까?"

바로 이 발상이 모순을 극복하는 출발점이 되었습니다. 아시다시피 구글의 메인 페이지에서는 극히 단순한 검색 창 이외에는 딱히 눈에 띄는 것이 없습니다. 마치 동양화처럼 여백의 미를 한껏 살린 구글의 메인 홈페이지는 기존의 포털 사이트와는 단연코 차별화되기에 충분했습니다. 하지만 이렇게 되면 광고료를 받을 수가 없지요. 그렇다면 구글은 어떻게 수익을 창출할 수 있었을까요?

메인 페이지를 차지하고 있는 텅텅 빈 여백은 검색어를 치고 엔터키를 누르는 순간, 다양한 광고 배너들로 안내됩니다. 검색어와 관련된 광고들이 등장하고, '스폰서 링크' 등 관련 업체로 간접적으로 연결되게 만든 것이지요. 광고들을 이렇게 구조화하자 사용자 입장에서는 이른바 '맞춤형 광고'를 접하게 됨으로써 일방형 광고에 노출되던 불만이 사라지고 광고 자체에 대한 거부감이 줄어듭니다. 또한 광고주 입장에서는 광고 적중률을 높임으로써 대단히 효율적인 광고 효과를 거두게 되었지요.

빠른 속도와 다량의 광고는 창과 방패처럼 겉으로는 모순 관계에 있는 듯 보였지만 그것을 극복하려는 노력이 '최고의 창과 방패'를 동시에 가질 수 있게끔 한 것입니다. 이제 구글은 빠른 속도와 더 많은 광고로, 세계 최대의 인터넷 포털 기업으로 우뚝 섰습니다.

빠른 속도가 더 많은 내용을 선보인다

다 뚫는 창과 다 막는 방패가 존재할까?

이와 같은 맥락에서 세계적인 화장품 회사 더바디샵도 모순을 극복한 경영의 사례로 꼽기에 손색이 없습니다. 일반적으로 '사회 공익'이라는 가치와 '기업 이윤'이라는 가치는 상충합니다. 가령 자연을 보존하고 환경을 보호하는 등의 사회 공익을 추구하려고 하면 기업의 이윤을 극대화하기 어렵고, 기업의 이윤을 좇다 보면 사회 공익은 등한시하게 되는 경우가 많습니다. 그런데 더바디샵은 이 두 가치가 서로 충돌할 때 어쩔 수 없는 일이라고 여기며 그냥 지나치지 않았습니다. 창의적인 아이디어로 이를 극복함으로써 많은 사람들로부터 존경받는 기업으로 성장할 수 있었지요.

더바디샵의 창업자인 아니타 로딕은 동물실험 반대 운동에 앞장섰고, 고래 포획을 반대하는 캠페인을 주도한 것으로 유명합니다.

"동물실험으로 수많은 동물들이 고통스럽게 죽어 가고 있습니다. 이를 막아야 합니다. 동물실험은 잔인할뿐더러 생태계를 위협하는 행위입니다. 수많은 향유고래가 남획되고 있어서 고래가 멸종될 위기에 처해 있습니다. 어떻게든 고래를 살려야 합니다."

아니타 로딕의 이런 외침은 동종 업계에서는 물론 직원들 사이에서도 매우 의아스러운 행보로 여겨졌습니다. 지금의 시각으로 보면 어느 성공한 경영자의 호사스러운 사회 참여 운동

쯤으로 생각할 수도 있겠지만, 아니타 로딕의 이런 발언과 활동은 회사가 채 자리도 잡기 전인 창업 초창기부터 시작되었으니까요.

더구나 당시 화장품 제조 회사들은 화장품의 안전성을 검증하기 위해서 반드시 동물실험을 거쳐야 했습니다. 그뿐만이 아니었습니다. 당시 향유고래는 화장품 주원료인 오일을 제공하는 거의 유일한 공급원이었습니다. 동물실험과 고래 포획을 스스로 금지하는 것은 그야말로 화장품 제조업자로서 '자살행위'와 다를 바 없었지요.

아니타 로딕은 유엔 산하 국제노동기구에서 일했던 경험을 사업에 활용했습니다. 젊어서부터 수많은 나라를 돌아다녔던 로딕은 세계 방방곡곡에 있는 천연 화장품 원료에 대한 지식을 축적하고 있었습니다. 아니타 로딕은 향유고래의 기름을 대체할 천연 재료로서 올리브 오일, 아보카도 열매, 사막의 호호바 열매 등을 알아냈습니다. 그렇다면 자신이 만든 천연 화장품의 인체 안전성은 무엇으로 담보했을까요? 로딕이 알아낸 천연 재료들은 원주민들이 오랜 세월에 걸쳐 전통적으로 사용해 온 것들이었기에, 여러 세대에 걸쳐 자연스러운 임상 실험을 거친 셈이었습니다.

1976년에 1호 매장을 연 더바디샵은 사회에 기여하면서도 화장품 제조 기업으로서 성공을 거듭해 이제는 전 세계에 2,000개가 넘는 매장을 확보하는 등 세계 굴지의 화장품 제조 회사로 우뚝 섰습니다. 아니타 로딕은 고래 포획 반대, 동물실

다 뚫는 창과 다 막는 방패가
존재할까?

험 반대 캠페인 이후에도 아마존 열대 우림을 보존하자는 취지의 '스탑 더 버닝' 캠페인, 핵 발전소와 핵무기 반대 캠페인, 극빈층에 제공할 재생 에너지 프로젝트를 수행하는 등 수많은 사회 공익사업에 앞장섰습니다. 2007년 세상을 떠나기 전까지 자신의 모든 재산을 사회에 기부한 그녀는 성공한 기업인이기 전에 수많은 사람들에게 행동하는 용기를 보여 준 창조적 경영인이었습니다.

모순을 극복해 히트 상품이 되다

구글이나 더바디샵 외에도 많은 이에게 사랑받는 히트 상품들 가운데 모순을 극복해 새로운 영역을 개척한 것들을 찾아볼 수 있습니다. 일본의 게임 회사 닌텐도에서 출시한 '위(Wii)'도 모순을 극복한 훌륭한 사례이지요. 우리가 게임을 하는 이유는 일반적으로 '편안한 재미'에 있습니다. 반면 밖에 나가 운동을 하는 이유는 조금 번거롭더라도 '건강'에 이롭기 때문이지요. 게임기를 이용하면 편안하게 재미를 만끽할 수 있지만 건강에는 크게 도움이 되지 않습니다. 밖에 나가서 하는 운동은 건강에는 도움이 되지만 번거롭고 힘이 듭니다. 이러한 모순을 해결하기 위해 창안된 게임기가 바로 위입니다. 이 게임기로는 테니스, 복싱, 탁구, 골프, 체조 등 거의 모든 야외 운동을 즐길 수 있습니다. 모순을 극복하려는 발상에서 제작된 이 게임기는 선풍적인 인기를 끌게 되었지요. 이 제품을 통해 재미도 얻고 건강도 챙길 수 있다는 인식을 소비자에게 심어 줌으로써 크게 인기를 얻은 것입니다.

우리나라에서 처음 개발된 '스크린 골프'도 마찬가지입니다. 골프는 넓은 필드에 나가 생생한 자연 속에 체험하는 스포츠입니다. 그러나 교외에 있는 필드에 나가려면 비싼 비용과 시간 때문에 부담을 느끼는 사람들이 많습니다. 골프 실내 연습장에서는 언제나 골프를 칠 수 있고, 저렴한 가격으로 이용이 가능하지만, 광활한 필드를 경험할 수 없다는 치명적 단점이 있지요. 경제성을 따지면 야외 골프는 빵점이고, 생생한 현장감 면에서는 실내 연습장이 빵점입니다. 이때 경제성과 현장감은 서로 모순 관계를 만듭니다. 하지만 스크린 골프라는 시스템은 이 둘을 상쇄해 결국 모순 관계의 고리를 느슨하게 만들었습니다. 약간의 돈을 더 들이고, 조금만 현장감을 포기하면 둘 모두를 체험할 수 있기 때문입니다. 스크린 골프가 폭발적으로 인기를 끄는 이유는 바로 이 모순을 극복하려는 기제가 대중의 마음을 움직였기 때문이지요.

그뿐만이 아닙니다. 인스턴트 일회용 커피는 신속함과 편안함으로 소비자를 사로잡았지만 고급스러운 맛을 낼 수는 없었습니다. 고급스러운 커피 맛을 원하는 사람들까지 만족시킬 수는 없었지요. 그런데 요즘은 일회용 커피 스틱 안에 원두 가루를 삽입함으로써 원두 커피의 맛을 내면서도 기존의 편안함을 그대로 간직한 신제품 커피가 속속 출시되고 있습니다. 우리

다 뚫는 창과 다 막는 방패가
존재할까?

일상에서 크게 영향력을 끼치는 신제품들은 이렇게 모순을 해결하려는 노력의 산물인 경우가 많습니다.

수백 년 동안 모순이 극복되지 않은 사례

반면에 겉으로 드러난 모순을 영원히 해결할 수 없는 것으로 간주하고, 극복하기 위한 노력을 포기해 모순이 고착화되는 사례도 있습니다. 이럴 경우 그것을 해결하는 데 상당한 시간이 걸립니다.

임진왜란 때 주로 쓰이기 시작했던 화승총을 예로 들어 볼까요? 화승총은 한 번 발사한 뒤 장전을 하고 다시 발사하는 데 5분 안팎이 걸렸다고 합니다. 그래서 실전에서는 쓰이기 어려워 주로 활을 많이 사용했지요.

화승총의 재장전 시간을 줄이는 방법이 없었던 것은 아닙니다. 총의 길이를 줄이면 재장전 시간이 줄어듭니다. 하지만 총의 길이가 짧아지면 사격의 정확도가 떨어집니다. 결국 '총의 길이가 짧으면서도 길어야 한다.'는 모순이 발생한 것이지요. 이 문제를 해결하는 데 무려 300년이 넘는 시간이 걸렸습니다. 총알을 앞쪽에서 넣지 않고 뒤에서 넣으면 된다는 단순한 아이디어가 300년 동안이나 나오지 않아, 총의 길이와 사격 정확도 사이에 존재하는 모순이 고착화되었던 것입니다.

시쳇말로 '머리가 나쁘면 손발이 고생한다.'라는 말이 있습니다. 모순 관계에 직면해 그것을 해결하려는 노력 없이 그 모순을 순순히 받아들일 준비만 하면 앞으로 나아가지 못한 채 제자리를 맴돌 수밖에 없습니다. 도저히 양립되지 않을 것 같은 극단에서 보완적 원리를 찾아 독창적으로 결합하는 능력, 그것이 바로 창의성이요, 창의력입니다.

※ 다음은 모순을 안고 있는 현상들입니다.
이 모순을 극복할 아이디어를 생각해 봅시다.

(1) 기차가 역에서 길게 정차하면 운행 시간이 길어지고, 운행 시간을 줄이기 위해 역에서 짧게 정차하면 많은 사람들이 기차 시간을 놓치기 일쑤입니다.

(2) 설탕이나 소금을 줄이면 음식이 맛이 없고, 맛을 위해 많이 사용하면 건강에 해롭습니다.

(3) 스마트폰은 편리하지만, 특히 청소년들의 스마트폰 중독 현상이 문제가 되고 있습니다. 청소년들의 스마트폰 사용을 규제하고자 하지만 청소년들이 스마트폰의 편리함을 누리지 못하게 할 수는 없습니다.

고흐와 신윤복이
법의학과 천문학을 만나다

: 이질적인 만남에서 뜻밖의 새로움이 탄생한다

    살아생전 자신의 귀를 자르는 등 갖가지 기행으로 세간의 이목을 사로잡았던 네덜란드의 화가 빈센트 반 고흐는 안타깝게도 짧은 생을 누렸습니다. 그가 남긴 2,000여 점의 그림은 정신 질환을 앓고 자살하기 전 고작 10년 동안에 집중적으로 작업한 것이라고 합니다. 그럼에도 불구하고 고흐가 남긴 그림은 모두 걸작으로 남았을 정도로 그의 천재적 역량은 그를 세상에서 가장 유명한 미술가 중 한 사람으로 평가받게 했습니다. 그는 20세기 미술사에서 야수주의와 표현주의의 발전에 중요한 역할을 한 미술가입니다.

고흐의 노란색은 평범하지 않다

〈해바라기〉는 그의 수많은 대표작 중 하나입니다. 이 명작을 일반인과는 전혀 다른 눈으로 감상한 사람이 있습니다. 법의학자 문국진 박사가 바로 그 주인공입니다. 법의학은 사체를 가지고 어떻게 죽음에 이르게 되었는지를 밝히는 학문입니다.

법의학자인 그가 왜 미술 작품에 관심을 가지게 되었을까요?

그는 국내 도입 당시 대중들에게 다소 생소했던 법의학을 어떻게 하면 친숙하게 할 수 있을까를 고민하다가 '예술 작품을 활용해 보면 어떨까?' 하는 생각을 했다고 합니다. 그래서 예술과 전혀 어울리지 않을 것 같은 법의학을 예술 작품에 접목해 보려는 노력을 꾸준히 해왔고, 그런 노력은 '예술 법의학'이라는 새로운 영역을 창시하는 성과로 이어졌습니다. 예술 법의학은 법의학을 이용해 유명 예술가의 죽음과 그의 작품 속에 감춰진 흥미로운 이야기를 밝히는 것을 주목적으로 합니다.

그가 〈해바라기〉를 법의학자의 눈으로 바라보게 된 것은, 이 작품의 노란빛이 다른 작품에 비해 과도하다는 사실을 깨달은 데서부터 시작되었습니다.

별을 보는 가가 세상을 새롭게 바꾼다

고흐와 신윤복이 법의학과 천문학을 만나다

"해바라기 꽃만 노란 것이 아니라 화분도 노랗고, 화분 뒷배경 그리고 화분이 놓인 테이블마저도 노랗다. 고흐가 왜 갑자기 노란색을 많이 쓰기 시작했지?"

그는 이런 호기심을 갖게 되었습니다. 〈해바라기〉뿐만이 아니었지요. 고흐가 당시 〈해바라기〉와 함께 그렸던 〈아를의 밤의 카페〉와 〈밤의 카페 테라스〉와 같은 작품에서 보이는 노란 빛깔 역시 같은 맥락에서 예사롭게 보아 넘기지 않았습니다. 문 박사는 법의학과 예술사적 고찰을 통해 노란 빛깔이 과도한 그림이 탄생한 것은, 고흐가 사물이 노랗게 보이는 '황시증'을 앓았기 때문이라고 결론 내립니다. 그가 법의학적 지식을 동원한 사고 과정은 다음과 같습니다.

고흐는 노란 빛깔이 많이 들어간 그림을 그렸던 당시에 쑥을 주재료로 만든 '압생트'라는 술을 즐겨 마셨습니다. 높은 도수의 압생트에는 '테레벤'이라는 성분이 들어 있습니다. 이 성분은 시신경을 훼손시키는 것으로 보고되고 있습니다. 따라서 시신경이 훼손된 고흐가 자신의 눈에 보이는 그대로 그림을 그리다 보니 자기도 모르게 노란색을 많이 사용하게 된 것입니다. 문 박사의 이런 분석을 보면, 역설적이게도 고흐가 앓았던 질환 덕택에 〈해바라기〉에 번진 노란색이 평범하지 않은, 아주 신비롭고 특별한 노란 빛깔로 탄생할 수 있었다는 생각이 듭니다. 이러한 법의학적 감상은 현대 미술을 창의적으로 감상하는 방법이라는 점에서 참 흥미롭지요.

고흐가 봤던 것을 나도 보자

이번에는 빈센트 반 고흐의 또 다른 명화 〈밤의 하얀 집〉을 살펴봅시다. 이 그림에는 고흐의 민감한 관찰력과 생동감이 고스란히 배어 있습니다.

고흐는 유독 자신의 그림에 별을 많이 그려 넣었습니다. 그의 대표작 중 하나인 〈별이 빛나는 밤〉은 아름다운 별이 수놓은 밤하늘의 아름다움을 보여 주는 걸작 중의 걸작이지요. 한편 이 작품에서만큼 많은 별이 등장하지는 않지만 오른쪽에 보이는 〈밤의 하얀 집〉에도 별이, 그것도 매우 밝은 별이 등장합니다.

텍사스대 교수이자 미국의 천문학자인 도널드 올슨은 어느 날 엉뚱한, 하지만 재미있는 생각 하나를 하게 됩니다.

'저 그림 속 별의 위치가 과연 정확할까?'

도널드 올슨은 고흐의 그림에 의문을 품은 것이지요.

'고흐가 그토록 훌륭한 화가라면 별의 위치를 아무렇게나 그려 넣지는 않았을 거야.'

올슨은 고흐의 그림을 과학적으로 검증해 보겠다고 나섰습니다. 먼저 고흐가 이 그림을 그렸다고 알려진 장소인 프랑스 오베르 지역으로 달려갔습니다. 그러고는 고흐의 그림 속 하얀 집과 똑같은 집을 찾아내기에 이르지요. 오베르에는 약 5,000여 가구의 집이 있었는데, 동네 사람들에게 수소문하고 그림과 하나씩 대조하는 수고 끝에 얻은 결과였습니다. 올슨은 그다음에 별자리와 별의 밝기 등 다양한 변인을 고려해 컴퓨터 시뮬레이

고흐와 신윤복이
빛의학과 천문학을 만나다

선을 합니다. 그 결과 고흐가 1890년 6월 16일 저녁 7시, 금성
이 반짝이던 밤하늘 아래에서 하얀 집을 그려 냈다는 사실을
밝혀냈습니다.

　울슨은 고흐가 아무렇게나 그림을 그린 것이 아니라 정확한
관찰과 사실을 바탕으로 명화를 완성했다는 사실에 놀랐습니
다. 또한 그림을 위한 예술가의 세심한 관찰력과 정확한 표현
에 감탄했다고 합니다. 고흐도 고흐지만, 한 장의 그림을 세심
하게 과학적으로 분석해 객관적 데이터를 얻어 낸 울슨의 끈기
와 집중력 또한 놀랍기 그지없지요? 자신이 본 장면을 아름답
게 담아낸 고흐의 재능과 울슨의 열정 덕분에 우리는 120여 년
전 별이 밝던 어느 밤의 하늘을 볼 수 있는 것입니다.

달의 모양마저도 허투루 놓치지 않다

고흐가 별을 자주 그렸다면, 밤하늘의 달을 자주 그린 화가는 조선시대의 신윤복입니다. 그런데 신윤복의 그림 중에서 이상한 달 모양이 보이는 것이 있는데, 그것이 바로 오른쪽에 있는 〈월하정인〉이라는 그림입니다. 실제로 〈월하정인〉 속에 그려진 달은 우리나라에서 볼 수 없는 모양입니다. 그래서 전문가 사이에서 신윤복이 철저한 관찰 없이 임의대로 달을 그려 넣었을 것이라는 논란이 일었지요. 신윤복의 화풍은 사실적이고 정교하며 세밀하기로 정평이 나 있습니다. 그런데 왜 이런 실수를 했던 것일까요?

이 〈월하정인〉을 관심 있게 지켜보던 충남대 천문학과의 이태형 교수는 이 그림 속 달의 모습이 부분월식이 일어났을 때의 모양이라는 것을 밝혀냅니다. 또 그림 속에 쓰여 있는 글의 내용을 통해 밤 11시부터 새벽 1시 사이에 그려졌다는 것을 유추해 냈지요. 거기에 더해 일반적으로 달이 가장 높이 뜨는 시간은 자정인데 달이 처마 끝 부근에 낮게 걸려 있는 것으로 미루어 그림 속 배경이 여름이라는 것까지 알아냈습니다.

이러한 단서를 종합해 신윤복이 활동한 18세기 중반부터 19세기 중반까지 100년간 일어난 부분월식을 모두 조사하고, 그중 서울에서 관측 가능한 부분월식을 따져 봤습니다. 그 결과 〈월하정인〉은 1793년 8월 21일 밤 11시 50분쯤에 그려졌다는 최종 결론에 이르게 되었지요.

고흐와 신윤복이
병리학과 천문학을 만나다

　그림 속 달의 모양이 기이하다 하여 하마터면 신윤복의 예
술가적 기질과 태도가 의심받을 뻔했으나, 한 과학자의 집요하
고도 정확한 분석으로 신윤복의 그림은 그 가치를 더하게 되었
습니다. 월식이 일어나고 있는 밤 서로 사랑하는 연인이 만나
'판타스틱'한 데이트를 즐기고 있는 이 그림, 〈월하정인〉은 신
윤복이 민감하게 포착한 달이 있기에 가능했습니다.

　고흐의 그림은 천문학자에 의해 그 가치를 더했습니다. 신
윤복의 그림 역시 자칫 졸작이 될 위기에 처했으나 어느 과학
자의 힘으로 '역시 명작이다.'라는 감동과 감탄을 복원할 수 있
었습니다. 때로는 과학이 예술의 도움을 받기도 하고, 예술이
과학자의 분석적이고 논리적 사고에 단서를 제공하기도 합니

다. 이렇게 이질적인 분야가 서로 부딪히면서 융합하는 과정에서 창의성이 극대화되는 것이 아닐까요?

※ 아래 그림을 보고 다음 문제를 차례대로 활동해 봅시다.

(1) 이 그림은 김홍도의 〈씨름〉입니다. 그림을 자세히 관찰해 보고 자신이 발견한 특이한 점을 말해 봅시다.

(2) 김홍도의 〈씨름〉에 담긴 다양한 비밀을 세 가지 이상 조사해 보고, 자신이 관찰한 것과 비교해 봅시다.

창의적인 말 한마디로 천 냥 빚을 갚는다

: 세상만사는 모두 사람의 마음을 움직여야 하는 일이다

어느 초여름 날이었습니다. 위나라의 조조는 군대를 이끌고 작전에 나섰습니다. 대단히 무더운 날씨로 하늘에는 구름 한 점 없었습니다. 군사들은 타는 듯한 무더위 속에서 행군하느라 다들 몹시 지쳐 있었습니다. 해가 중천에 뜨자 더위는 점점 더해 군복은 땀으로 흠뻑 젖고, 행군의 발걸음도 흐트러지기 시작했습니다. 심지어 더위에 지쳐 쓰러지는 자가 속출하기 시작했습니다.

"물 한 모금만 먹었으면 소원이 없겠다……."

물을 찾는 병사들의 간절한 애원도 신음처럼 점차 기운을 잃어 갔습니다. 이러다가는 십중팔구 병사들이 낙오하고 말 상황이었습니다. 몹시 초조해진 조조는 급히 지리에 밝은 사람을

155

찾아내 그에게 물었습니다.

"이 근처에 물을 구할 수 있는 곳이 없느냐?"

"물은 저 앞에 보이는 큰 산을 넘고, 또 한참을 더 가야 겨우 나오는 북쪽의 골짜기에나 있습니다."

"거기까지 얼마나 걸리느냐? 병사들이 이 상태로 저 큰 산을 어찌 넘는단 말인가?"

"하루는 족히 걸릴 것입니다."

"그건 곤란하다."

"네…… 저 산을 넘기도 전에 병사들이 모두 쓰러지고 말 것입니다. 허나 지금은 다른 방도가 없습니다."

조조는 난감했으나 곧 비장한 표정으로 병사들을 향해 서서 전방의 큰 산을 가리키며 큰 소리로 외쳤습니다.

"병사들이여, 저기 보이는 큰 산만 넘으면 매화나무 숲이 있고, 새콤달콤한 매실이 주렁주렁 매달려 있다! 힘을 내라!"

조조의 외침을 들은 병사들의 눈빛이 달라지는가 싶더니 얼마 지나지 않아 산 너머의 새콤한 매실을 상상하는 병사들의 입속에 침이 고이기 시작했습니다. 그렇게 고인 침으로 목을 적신 병사들은 기운을 되찾아 행군을 다시 시작했습니다. 피로와 갈증을 잊은 듯 병사들은 한 걸음 한 걸음 앞으로 나아갔습니다. 그렇게 조조와 병사들은 가상으로나마 갈증을 해결한 후 얼마 지나지 않아 계곡물이 흐르는 북쪽 골짜기에 도달할 수 있었고, 마음껏 물을 마실 수 있었습니다.

조조의 말 한마디가 타들어 가던 수많은 병사의 목을 적신

바람과 마주 서서 새콤한 매실을 본다

156

창의적인 말 한마디로
천 냥 빚을 갚는다

것이지요. 이렇게 '가뭄의 단비' 같은 말이 이야기 속에서만 존재하는 건 아닙니다. 우리 주변에서도 말 한마디로 상황을 변화시키는 예를 볼 수 있습니다. 저는 이렇게 말 한마디로 코앞에 닥친 문제를 재치 있게 해결하는 사람들을 보면, '말 한마디로 천 냥 빚을 갚는다.'라는 속담 속의 '말 한마디'는 분명 문제를 해결하는 '창의적인 말'이었을 것이라는 생각을 하게 됩니다.

말 한마디로 사람을 살리다

어느 유명한 대학 병원에 당장 수술을 받아야 하는 심각한 심장병 환자가 있었습니다. 다행히 그 대학 병원에는 세계 최초로 새로운 심장병 수술 기법을 개발해 이미 수백 건의 임상 실적이 있는 의사가 여럿 있었습니다. 어느 날 수술을 권유받은 환자가 한 젊은 의사에게 물었습니다.

"이 수술을 받는다면 생존 가능성이 어느 정도나 되나요?

"네, 이 수술을 받은 사람 100명 가운데 10명은 5년 안에 숨졌습니다."

환자는 병원 측의 말에 다소 충격을 받았습니다. 무려 10명이 수술에 실패하고 세상을 등졌다는 사실에 적잖이 겁을 먹은 표정이었지요.

"수술을 받다가 뜻하지 않게 죽느니, 차라리 예고된 죽음을 서서히 맞이하는 게 좋을 것 같습니다. 수술, 포기하겠습니다."

"아니, 환자분, 그러시면 안 됩니다. 수술받지 않으면 몇 달 안에 죽습니다."

이 말을 들은 환자는 죽음을 각오한 듯 비장하게 말했습니다.

"수술을 받고도 죽을 수밖에 없다면, 수술 안 받고 조용히 죽는 게 낫습니다."

의사는 난감했습니다. 하지만 환자와 보호자가 동의하지 않는 수술을 강행할 수는 없었지요. 젊은 의사는 환자를 설득하는 데 며칠을 더 고생해야 했습니다.

며칠 후 같은 병원에 또 다른 심장병 환자가 왔습니다. 이 환자 역시 곧 수술을 해야 할 정도로 상태가 좋지 않았습니다. 이번에는 병원에서 가장 유능할 뿐만 아니라 덕망이 높기로 유명한 노의사가 주치의를 맡았습니다. 노의사는 환자에게 침착하게 수술을 권했습니다. 그러자 환자가 의사에게 물었습니다.

"이 수술의 생존 가능성은 어느 정도나 되나요?"

"네, 이 수술을 받은 사람 100명 가운데 90명이 5년 이상 생존했습니다."

"아, 그렇습니까? 그럼 안심하고 수술을 받아도 되겠군요. 의사 선생님, 수술 잘 부탁드립니다."

이 장면을 지켜보던 젊은 의사는 "아!" 하고 짧은 탄식을 뱉었습니다. 왜 그 노의사가 환자들로부터 존경받고 동료 의사들로부터 유능하다는 말을 듣는지 비로소 깨달은 것이지요.

두 의사가 환자에게 했던 말은 사실 동일한 내용입니다. 그런데 사람들이 어떤 질문에 답할 때 같은 내용이라도 질문

말들과 마음 하나 세상을 바꾼다

창의적인 말 한마디로
천 냥 빚을 갚는다

의 표현 방법에 따라 대답이 달라집니다. 이를 '프레이밍 효과(Framing Effect)'라고 합니다. 요컨대 질문의 표현 방법을 '틀(Frame)'이라고 부를 수 있는데 이 틀을 어떻게 제시하느냐, 어떤 틀을 가지고 질문하느냐에 따라 듣는 사람의 판단이나 선택이 변화하는 것이지요. 그것이 바로 프레이밍 효과입니다. 노의사의 행동을 조삼모사에 불과하다고 비판하는 이도 있을 수 있습니다. 그러나 노의사의 말과 행동은 어리석은 원숭이를 말장난으로 속이는 것과는 다릅니다. 노의사가 활용한 프레이밍 효과는 타인을 속이기 위한 것이 아니라, 사람들의 바람직한 행동을 이끌어 내기 위한 방안으로 기능하고 있기 때문입니다. 동일한 상황에서 어떤 표현이나 방식을 제시하느냐에 따라 사람들의 선택과 생각이 달라질 수 있다는 것을 보여 주는 또 다른 사례를 들어 보겠습니다.

말 한마디가 사람들의 지갑을 열게 한다

유튜브에서 우연히 어떤 동영상을 접한 적이 있습니다. 영상 속에는 길거리에 종이를 깔고 앉아 있는 한 사람이 있습니다. 그 사람의 앞에는 동전을 넣는 깡통이 있습니다. 그는 구걸을 하고 있는 걸인입니다. 그런데 자세히 보니 그는 시각장애인입니다. 그의 앞에는 누가 만들어 줬는지 종이 상자를 오려서 만든 것 같은 푯말이 서 있습니다. 푯말에는 이렇게 써 있습니다.

I'm blind, please help.(저는 앞이 안 보여요. 제발 도와주세요.)

길거리의 행인들이 간간이 동전을 한두 개 던지고 지나갑니다. 그때 어떤 여자가 등장해 박스에 무엇인가를 써 주고 갑니다. 그런데 그 뒤로 동전을 넣는 사람들이 갑자기 많아집니다. 화면이 빨라지면서 사람들이 쉴 새 없이 동전을 마구 던져 줍니다. 이내 동전 깡통에 동전이 가득히 넘쳐납니다. 그 여자가 무엇을 써 주고 갔기에 그런 일이 벌어졌을까요? 화면은 서서히 글씨가 써 있는 종이 상자를 비춥니다.

It's a beautiful day and I can't see it.(참 아름다운 날입니다. 그런데 저는 앞을 볼 수가 없어요.)

말 한마디 바꾸었을 뿐인데, 사람들의 마음이 180도 바뀐 것입니다. 사람들은 어떤 요청 때문에 누군가를 돕는 것보다는 자발적인 마음에서 도울 수 있을 때 자신의 행동을 더 가치 있게 여기는 경향이 있습니다. 누군가 도와 달라고 했을 때 돕는 것은 꼭 자신이 아니라도 할 수 있는 일이라고 생각하기 때문이지요.

"참 아름다운 날입니다. 그런데 저는 앞을 볼 수가 없어요." 이 문구를 본 사람들의 마음에 혹시 이런 변화가 찾아온 것은 아닐까요?

'나는 이 화창한 날씨를 볼 수 있는 것만으로도 얼마나 행복한가. 저 사람을 위해 내가 가진 것을 조금이라도 나눠 주자.'

이것이 바로 창의적인 '말 한마디'의 힘이 가져온 변화입니다.

말 한마디가 세상을 바꾼다

창의적인 말 한마디로
천 냥 빚을 갚는다

말 한마디로 기막힌 광고를 만들다

이번 일화는 『달과 6펜스』의 작가 서머셋 모옴의 무명 시절 이야기입니다. 서머셋 모옴이 오랜 노력 끝에 어렵게 소설 한 편을 출간했는데, 출판사에서는 그가 이름난 작가가 아니라는 이유로 광고를 내주지 않았습니다.

"힘들게 책이 나왔는데, 막상 책을 홍보할 기회가 없구나."

서머셋 모옴은 크게 실망하고 낙담했습니다. 그렇게 며칠을 보낸 그는 책을 팔기 위해서 자비로라도 광고를 내야겠다고 생각했습니다. 그러나 그의 수중에 그리 많은 돈이 있을 리 없었지요. 그가 가진 돈을 탈탈 털어 마련한 돈은 겨우 한 번 광고를 실을 정도밖에 안 되었습니다. 게다가 그 돈으로는 손바닥만 한 광고조차 내기 힘들었습니다. 그는 손바닥 절반도 안 되는 크기의 지면을 겨우 할애받았습니다.

모옴에게는 그 좁은 공간마저도 천금같이 소중하게 느껴졌습니다. 그래서 그는 적은 돈, 적은 지면으로도 광고 효과를 극대화할 수 있는 아이디어를 생각해 내는 데 골몰했지요. 딱 한 번의 광고로도 많은 사람의 이목을 끌 수 있는 방법이 필요했던 것입니다.

'사람들이 내 책을 보고 싶게 만드는 광고가 필요해. 어떡하면 좋을까?'

며칠을 아이디어로 고민하던 그는 이런저런 궁리 끝에 마침내 지역의 유력 신문사를 찾아가 자신이 만든 광고 문구가 적힌 쪽지를 신문사 직원에게 전달했습니다. 그리고 그다음 날 신문 하단에 조그만 광고 하나가 실리게 됩니다.

"마음 착하고 훌륭한 여성을 찾습니다. 저는 스포츠와 음악을 좋아하고 성격이 비교적 온화한 젊은 백만장자입니다. 제가 바라는 여성은 최근에 나온 서머셋 모옴이 쓴 소설 주인공과 모든 점에서 닮은 여성입니다. 자신이 서머셋 모옴이 쓴 소설의 주인공과 닮았다고 생각되는 분이 있다면, 지체하지 마시고 즉시 연락해 주십시오."

광고가 신문에 실리자마자 사람들의 관심이 폭발했습니다. 이 광고가 단 한 번밖에 실리지 않았기 때문에 해당 광고를 보려는 사람들이 날짜가 지난 신문을 찾는 기현상이 벌어지기도 했지요. 그 후로 서머셋 모옴의 책은 전국 어느 서점에서나 날개 돋친 듯이 팔려 나갔습니다. 인기는 점점 전국적으로 퍼져 나갔고, 이것을 계기로 그는 세계적인 작가의 반열에 오르게 되었습니다. 창의적으로 만든 광고 문구 하나가 서머셋 모옴의 인생을 바꾼 것입니다.

사람의 마음을 움직이는 힘

서머셋 모옴은 창의적인 광고 문구 하나로 전국의 모든 독

창의적인 말 한마디로
천 냥 빚을 갚는다

자로 하여금 자신의 책을 읽고 싶게 만들었습니다. 영상 속 걸인의 피켓 문구 하나가 행인들의 마음을 움직여 지갑을 열게 했습니다. 대학 병원의 노의사는 환자의 마음을 움직여 어려운 수술을 감당할 수 있는 용기를 주었습니다. 삼국지의 조조는 타들어 가는 갈증을 이기고 큰 산을 넘어야겠다는 의지를 북돋우었습니다. 말 한마디가 직접 새로운 물건을 발명하거나 창조해 내는 것은 아닙니다. 그러나 창의적인 말 한마디에는 그보다 훨씬 더 어렵고 가치 있는, 사람의 마음을 움직이는 힘이 있습니다.

※ 다음 문제를 읽고 활동해 보세요.

(1) 내가 경험한 혹은 알고 있는 가장 '창의적인 말' 혹은 가장 '창의적인 문구'는 무엇인지 생각해 봅시다. 만약에 없다면 지금 자기 주변에서 찾아봅시다.

(2) 내가 남들에게 해 줬던 창의적인 말에는 어떤 것이 있는지 생각해 봅시다.

채플린과 대승,
털끝보다 더
세상에 민감해지다

; 관찰하는 힘이 생각하는 힘이다

영화 〈모던 타임스〉 등으로 유명한 영화감독 겸 영화배우였던 찰리 채플린. 그에게는 다른 사람들이 잘 모르는 남다른 능력이 있었습니다. 사물에 대한 예민한 관찰력이 그것입니다.

어느 날 스태프들과 함께하는 회의가 열렸습니다. 날씨가 더워서인지 회의 시작 전부터 윙윙거리며 날아다니던 파리 떼가 오랫동안 회의실 안을 맴돌고 있었습니다. 파리 한 마리가 유독 채플린의 주변을 성가시게 날아다니며 그의 신경을 건드렸습니다. 참다못한 채플린이 파리채를 휘둘렀지만 번번이 놓치고 말았습니다. 그러던 중 파리 한 마리가 채플린 바로 앞의 책상에 내려앉았습니다. 채플린은 이번에는 놓치지 않겠다는 기세로, 파리채를 어깨 뒤로 추켜올렸습니다. 그러고는 있는 힘껏 내리치려는 순간, 어찌 된 일인지 채플린이 갑자기 멈칫

하더니 파리를 유심히 쳐다보는 것이었습니다. 그러더니 이내 팔을 내리고 파리채를 탁자 위에 가만히 내려놓았습니다. 주변에 있던 스태프들은 영문을 몰라 의아해했지요.

"왜 파리를 잡지 않은 것입니까?"

채플린이 아무 일 아니라는 듯이 양어깨를 한 번 으쓱하더니, 이렇게 말했습니다.

"아까 그 파리가 아닐세."

세상에 민감해져라

창의성이 뛰어난 사람이 보이는 특별한 능력 중 하나는 바로 '민감성'입니다. 시각, 청각, 후각, 촉각, 미각 등의 오감을 통해 들어오는 다양한 정보에 민감한 관심을 보이고, 이를 바탕으로 새로운 영역을 탐색해 나가거나 특별한 성취를 보이곤 합니다. 일상생활에서 접할 수 있는 흔한 현상에도 세심한 관심을 가지고, 당연히 여겨지는 것에 대해서도 의문을 품고 생각해 보는 태도 역시 민감성에서 비롯됩니다.

앞에서 이야기한 채플린의 일화는 쉽사리 믿어지지 않을 만큼 세심하고 민감한 그의 관찰력을 짐작하게 합니다. 파리의 생김새를 겉으로 관찰만 해서 구별해 낸다는 것은 일반적으로 불가능하지요. 이렇게 민감한 관찰력이 영화에서 섬세한 연출력으로 발현되었을 것입니다. 채플린처럼 남다른 능력으로 놀라운 성과를 이루었던 사람이 여기 또 있습니다. 중국 북송 시절 최고의 화가로 칭송받던 미불 그리고 그런 미불마저도 놀라게 했던 또 다른 화가 대승이 바로 그 주인공입니다. 이 두 사람에 얽힌 일화를 하나 소개하려고 합니다.

미불은 관직에 있었는데, 그의 공식적인 관직명은 '서화학 박사'였습니다. 서화학 박사는 당시에 궁중의 각종 글씨와 그림을 감식하고, 또 몸소 서화 전문가를 육성하는 일을 담당하던 관직이었습니다. 그만큼 미불은 그림과 글씨에 관한 조예가 매우 깊은 사람 중 하나였지요. 한편, 미불에게는 악취미가 하나 있었습니다. 미불은 남의 그림을 감쪽같이 모방해 그리는 재주가 있었는데, 그림을 소장하고 있는 사람들이 자신의 소장 작품에 대해 제대로 알고 있는지, 혹은 그가 그림을 알아보는 안목이 있는지를 시험해 보곤 했습니다.

그는 소장품을 잠깐 빌린다는 구실로 소장자에게서 그림을 가져와서는 이를 그대로 베낀 다음 주인에게 돌려줄 때에 소장자의 안목이 부족하다 싶으면, 원래 그림 대신에 자신이 그린 모작으로 바꿔치기하곤 했습니다. 대부분의 소장가가 깜빡 속아 넘어갔고, 이렇게 해서 슬쩍 챙긴 그림이 무려 1,000여 점에 이르렀다고 합니다. 그런데 이러한 천하의 미불도, 대승의 그림 앞에서는 두 손을 들고 마는 일이 벌어집니다.

대승은 소를 주로 그리는 화가인데, 그의 소 그림이 얼마나 뛰어난지 이 세상에서 대승의 소 그림을 따를 자가 없다는 말을 들을 정도였습니다. 대승의 그림을 본 사람들은 칭찬 일색

채플린과 대승,
털끝보다 더 세상에 민감해지다

오감을 활짝 열고 다양한 정보를
민감하게 받아들이는 태도,
일상에서 접하는 흔한 현상에도
관심을 기울이는 세심함이
새로운 것을 창조해 내는 창의성의 바탕이다.

이었지요.

"대승의 소는 마치 그림 속에서 금방 튀어나올 듯 생동감이 있군."

"우리 집 마당에 묶여 있는 소가 오히려 가짜인 것 같아."

"소털 하나하나까지 모두 살아 있는 소와 다를 바가 없어."

어느 날 대승의 그림을 접한 미불도 감탄을 금치 못했습니다.

'소 그림으로는 따를 자가 없다 해 화우대사로 칭송받는다더니, 과연 이름이 헛되지 않군.'

그러나 이내 그의 장난기가 발동했습니다.

'대승의 그림을 빌려 장난을 쳐 볼까?'

미불은 만면에 미소를 지으며 대승의 그림을 보고 모작을 그려 보기로 작정했습니다. 어느 날 미불은 대승의 그림 한 점을 빌려 하룻밤 사이에 이를 베꼈지요. 대승의 그림 구석구석을 놓치지 않고 그대로 베껴 낸 미불의 능력은 놀라웠습니다. 그야말로 '싱크로율 100%'의 그림이었습니다. 이제 미불은 늘 하던 대로 그림의 주인인 대승에게 원본 대신에 자신이 그린 모작을 돌려주며 태연하게 말했습니다.

"덕분에 당신의 소 그림 잘 감상했소."

아무렇지 않게 그림을 돌려받은 대승은 자신의 그림을 겨드랑이에 끼고 집으로 돌아갔습니다. 그런데 불과 한 식경이나 되었을까, 대승이 미불의 집에 들이닥쳐서는 난동을 피우기 시작했습니다.

"이 사기꾼아! 어서 내 그림을 내놓지 못하겠느냐!"

일이 돌아가는 상황이 심상치 않음을 느낀 미불이 사태를 진정시키기 위해 나섰습니다.

"진정하시오. 대체 왜 그러시오?"

"이건 내 그림이 아니오!"

"당신 그림이 맞소. 보면 모르겠소? 당신이 그린 소 그림이 분명하지 않소."

"내가 내 그림을 모를 성싶소? 당장 내 그림을 내놓지 않으면 당신을 관아에 고발하겠소!"

미불은 더 이상 버티지 못하고 대승에게 원래의 그림을 내어 주며 머쓱하게 물었습니다.

"미안하게 됐구려. 그런데 도대체 어떻게 당신 그림이 아니라는 것을 알 수 있었소?"

웬만한 사람이 다 속아 넘어갔는데 대승은 어찌해 그렇지 않았는지 몹시 궁금해진 미불은 대승의 대답을 초조하게 기다렸습니다. 대승은 이렇게 답했습니다.

"내가 그린 그림과 비교해 봤을 때, 소 눈동자가 다르지 않소? 그림 속의 눈동자를 보시오. 내가 그린 그림에는 소 눈동자 속에 소를 끌고 가는 목동이 있지 않소?"

미불은 그의 말을 듣고 깜짝 놀라고 말았습니다.

'대승이 소 눈에 목동의 모습을 그려 놓았을 줄이야!'

대승의 섬세한 솜씨에 감탄하며 찬찬히 그의 그림을 들여다보던 미불은 다시 한 번 경악하고 말았습니다.

"아니, 이럴 수가! 소의 눈에 목동이 있는 것뿐 아니라 목동의 눈에도 소가 있네!"

훌륭한 화가의 자질은 민감한 관찰력

대승은 소의 눈동자에 비친 목동의 모습을 놓치지 않고 그림 속에 그대로 그려 넣을 만큼, 자신의 주변을 민감하게 관찰하는 사람이었습니다. 더구나 목동의 눈에 비친 소의 모습도한 치의 오차 없이 놓치지 않음으로써 당시 대가로 자처하던미불의 코를 납작하게 만들어 버립니다. 사소한 것도 대수롭게넘기지 않고 대상을 민감하게 받아들이는 태도와 능력이야말로 큰 성과를 이루기 위한 바탕이 됨을 보여 주는 사례가 아닐까요?

우리나라에도 대승 못지않게 뛰어난 관찰력을 지닌 사람이있었습니다. 세종대왕은 훈민정음 창제로 그 창의력이 널리 알려져 있지만, 그뿐 아니라 화가 못지않은 관찰력의 대가이기도했습니다. 조선 중기에 유몽인이 지은 『어우야담』이라는 책에이런 이야기가 있습니다.

옛날에 명화로 일컬어지던 그림이 있었는데 할아버지가 손자에게 밥을 떠먹이는 그림이었습니다. 그림을 보는 사람들마다 할아버지가 숟가락을 들고 아이에게 밥을 먹이려는 모습이살아 있는 듯 생생하다며 칭송했다고 합니다. 입소문이 나자세종대왕도 이 그림을 보고 싶어 했습니다. 신하들이 수소문을

채플린과 대승,
털끝보다 더 세상에 민감해지다

해서 세종대왕에게 그림을 가져다 바쳤지요. 그런데 이 그림을 본 세종대왕은 실망하며 말했습니다.

"이 그림은 할아버지가 손자에게 밥을 떠먹이는 모습을 직접 보고 그린 그림은 아닌 것 같군. 별로 사실적이지도 않고, 생생할 것도 없어 보이는구나."

곁에서 이 말을 들은 신하들이 의아해하며 세종대왕에게 물었습니다.

"전하, 아뢰옵기 황송하오나 칭찬 일색인 그림이거늘, 어찌해 그리 안 좋다 말씀하시나이까?"

"이 그림이 나쁘다고 말하는 것이 아니다. 다만 사실적이지 않다는 것이다. 이 그림이 비록 좋지만 무릇 어른이 어린아이에게 밥을 먹일 때는 그 입이 자기도 모르게 벌어지는 법인데, 이 그림에서는 입을 다물고 있으니 사실성이 크게 떨어져서 한 말이다."

세종대왕의 말을 들은 신하는 임금의 세심한 관찰력에 크게 놀랐습니다. 그리고 그 후부터 그 그림은 가치가 떨어져 세상 사람들에게 잊혀져 갔다고 합니다. 이처럼 주변을 허투루 보지 않고 민감하고 세심하게 관찰하는 능력이 다른 이들이 보지 못하는 것을 발견하게 하는 창의적 안목의 바탕이 된다고 할 수 있겠지요?

※ 다음 두 회사의 상표를 유심히 관찰해 보고,
두 상표에서 공통적으로 발견되는 특이한 점이
무엇인지 찾아봅시다. 그리고 상표를 왜 이렇게
디자인했을지 생각해 봅시다.

'어떻게 넣을까'가 아닌 '어떻게 못 막게 할까'를 고민하다

: 쉽게 예측할 수 없는 것이 흥미롭다

　현대 축구에서는 수비 상황에서 상대에 대한 압박이 점점 더 강해지고 있습니다. 게다가 조직적인 수비 때문에 필드 골이 조금씩 줄어드는 추세입니다. 현대 축구에서는 오히려 프리킥이나 코너킥과 같은 세트 피스 상황에서 많은 득점이 나옵니다. 세트 피스 상황에서의 프리킥 기술이 진화를 거듭하고 있는 덕분입니다. 1990년대까지만 해도 킥의 힘과 속도가 중요했습니다. 얼마나 강력하고 빠른 킥을 찰 수 있는지를 골게터의 척도 중 하나로 삼기도 했습니다.

　우리나라에도 세계적으로 인정받은 '대포알 슈터'가 있습니다. 1990년 이탈리아 월드컵 본선에 참가한 대한민국 대표 팀은 예선 세 경기를 통해 단 한 골만을 기록했는데, 바로 조별 예

173

선 2차전 스페인과의 대결에서 황보관 선수가 터트린 프리킥 골이 그것입니다. 당시 펠레가 극찬하기도 했던 황보관의 킥은 시속 114km로 월드컵에서 가장 빠른 골로 기록되면서 한국 축구 역사에도 길이 남을 킥이 되었습니다. 1990년대 초반까지만 해도 이처럼 속도계를 동원해 프리킥의 스피드를 체크할 정도로 킥의 힘과 속도가 큰 관심거리였습니다.

공 하나 차는 데도 진화된 기술이 필요하다

그런데 1990년대 말부터 이러한 축구의 흐름에 변화가 생깁니다. 1997년 6월 벌어진 투르누아 드 프랑스 국제 축구 대회에서 프랑스 팀과 맞선 브라질의 호베르투 카를로스가 'UFO 프리킥 골'을 터뜨린 것이 그 계기입니다.

당시 세트 피스 상황에서 공의 뒤쪽으로 한참 물러선 카를로스는 잔걸음을 짚으며 공을 향해 다이내믹하게 다가와 아웃프론트 킥으로 힘차게 슈팅을 날렸습니다. 카를로스의 왼발을 떠난 볼은 어이없게도 프랑스 수비벽 좌측을 한참 빗나갈 듯이 보였습니다. 골키퍼도 골을 막을 의사가 없어 보였습니다. 하지만 엄청난 회전력과 함께 볼이 거짓말처럼 골대 쪽으로 급속히 휘면서 골문 안으로 들어가 버렸습니다. 프랑스 골키퍼는 그 자리에서 얼음이 되고 말았지요. 이 골은 아직도 축구 역사상 가장 아름다운 '작품'으로 불리고 있는데, 이 골을 계기로 좋

축구화 밑창 구조가 새롭게 바뀌기 시작

'어떻게 넣을까'가 아닌
'어떻게 못 막게 할까'를 고민하다

은 키커가 갖추어야 할 요건이 힘보다 정교한 기술이라는 인식이 퍼지게 됩니다. 카를로스 이후에 영국의 데이비드 베컴 등과 같이 정교한 전문 프리키커가 득세하기 시작했습니다.

현대 축구에서 각 팀의 프리킥을 전담하는 선수들이 가장 많이 구사하는 킥은 바로 '스핀 킥'입니다. 스핀 킥은 '회전 킥'이라고도 하지요. 주로 발의 안쪽으로 공을 차서 공의 궤적을 휘어지게 만드는데, 스핀 킥의 장점은 수비벽을 피할 수 있다는 것입니다. 보통 골키퍼는 수비 선수들로 이루어진 수비벽을 세운 뒤 벽이 없는 쪽을 집중적으로 수비하기 때문에, 수비벽을 넘어 들어온 프리킥에는 속수무책으로 당합니다. 그런데 이 스핀 킥에는 1852년 독일의 물리학자 마그누스가 밝힌 '마그누스 원리'가 숨어 있습니다. 마그누스는 회전하는 포탄이나 총알이 한쪽으로 휘는 이유가 공기의 압력 차이라고 밝힌 바 있습니다. 이와 마찬가지로 오른발잡이가 발의 안쪽을 이용해 스핀 킥을 찼을 때 공의 오른쪽은 공기의 압력이 커지고, 왼쪽은 작아집니다. 이 때문에 키커가 스핀을 걸어 찬 공은 압력이 높은 쪽에서 낮은 쪽으로 휘어지며 날아가게 되는 것입니다.

한편 스핀 킥이 주류를 이루고 있는 요즈음, 몇몇 선수들이 새로운 프리킥을 구사하기 시작했습니다. 이른바 '무회전 킥'입니다. 공을 찰 때 스핀을 얼마나 많이 거느냐에 열을 올릴 때쯤, 회전 없이 날아가는 축구공을 보며 축구 팬들은 다시 한 번 놀랄 수밖에 없었습니다.

무회전 슛을 가장 잘 차는 선수로는 일반적으로 프랑스 리

그에서 뛰고 있는 브라질의 주니뉴 페르남부카누를 꼽지만, 오히려 무회전 킥으로 유명세를 탄 사람은 빅 리그에서 활동하고 있는 크리스티아누 호날두가 아닐까 합니다. 이 선수들의 프리 킥을 보면 쉽게 잡을 수 있을 것처럼 날아가던 공이 흔들리다가 갑자기 골키퍼가 잡을 수 없는 곳으로 뚝 떨어집니다. 무회전 킥이 각광을 받게 된 것은 바로 키커조차도 알 수 없는 공의 궤적 덕분입니다. 어디로 휘어질지 종잡을 수 없는 불규칙함 때문에 이 킥을 막아야 하는 골키퍼의 입장에서는 공이 제발 골대 밖으로 나가길 기도하는 수밖에 없을 정도입니다. 더구나 공이 회전하지 않기 때문에 경기 당일의 기온, 바람, 습도 등에 따라 매일 다른 궤적을 그리게 됩니다.

이 무회전 킥에도 과학적 원리가 숨겨져 있는데, 정확히 말하면 '카르만 효과'에 의해 날아가던 공이 불규칙한 떨림을 보이게 되는 것입니다. 카르만 효과란 기둥 모양의 물체를 적당한 속도로 유체 속에서 움직이거나 균일한 흐름 속에 놓아둘 때 발생하는 소용돌이를 의미합니다. 즉 물체의 좌우 양쪽에 번갈아 반대 방향으로 도는 소용돌이가 발생해 날아가는 공 뒤쪽으로 공기 소용돌이가 생기고, 그 소용돌이가 공을 흔들어 불규칙한 운동을 하게 하는 효과라고 할 수 있습니다. 기술적으로 카르만 효과는 공의 한가운데를 정확하게 그리고 강하게 때려야 발생한다고 합니다.

바람과 바늘 자가 세상을 바꾼다

176

'어떻게 넣을까'가 아닌
'어떻게 못 막게 할까'를 고민하다

'발'로 만든 골이 아니라 '머리'로 만든 골

대포알 슛이나 스핀 킥 그리고 무회전 킥은 어떻게 보면 공을 차는 경우의 수가 늘어남에 따라 특정 선수에 의해 우연히 발현되거나 발견된 킥이라고 할 수 있습니다. 그래서 그 킥의 속성을 본떠 '대포알, 스핀, 무회전' 등의 수식어를 붙여 이름 지은 것이지요.

그런데 유일하게 한 선수의 이름이 붙은 킥 기술이 있습니다. 그것은 바로 '파넨카 킥'입니다. 이름만 들어서는 이 킥에 어떤 성격의 기술이 적용되는지 잘 모르겠지요? 창의적인 생각으로 누구보다도 먼저 이 킥을 시도해 성공시킨 선수 파넨카의 도전 정신을 기리기 위해 그의 이름을 그대로 붙여 부르는 것이랍니다. 파넨카가 이런 창의적인 킥을 시도한 데에는 다음과 같은 일화가 전해집니다.

안토닌 파넨카가 체코슬로바키아에서 프로 축구 선수로 활약하던 때였습니다. 파넨카는 팀 동료인 골키퍼 흐루시카와 아주 친했습니다. 둘은 경기가 없는 날에도 함께 공을 차고 받으면서 종종 개인 훈련을 하곤 했습니다.

"연습을 많이 했더니 출출한데 오늘은 초콜릿 바 내기로 페널티킥 한 번 찰까?"

흐루시카가 파넨카에게 자신만만하게 제안했습니다. 흐루시카는 당시 페널티킥 방어율이 매우 높은 골키퍼였습니다. 실제 경기의 승부차기 상황에서는 골키퍼가 단 한 번만이라도 공을 막아 내면 그 팀이 이길 확률이 매우 높아지는데, 흐루시카는 승부차기 상황에서 방어율이 꽤 높은 선수였지요. 둘의 내기에서도 다섯 번 공을 찰 기회 가운데 한 번 이상 막으면 골키퍼가 승리하게 되어 있었습니다.

"어제는 내가 졌지만, 오늘은 기필코 다섯 골을 모두 넣어 주지. 흐루시카, 각오해."

파넨카는 늘 그랬듯이 흐루시카의 페널티킥 내기 제안을 순순히 받아들였습니다. 하지만 곧 이어진 시도에서 흐루시카가 다섯 번의 킥 중 두 개를 막아 냈고 파넨카는 또다시 내기에서 지고 말았습니다.

"흐루시카, 내가 또 졌네. 그런데 맥주 내기로 딱 한 번만 더 해 보지 않겠나?"

"아니, 번번이 나한테 지면서 왜 또 내기를 하려고 하는지……."

"이번에는 좋은 생각이 떠올라서 그러네. 한 번만 더 골을 막아 보게."

파넨카는 그동안 공을 차면서 골키퍼의 움직임을 세밀하게 관찰해 왔습니다. 그는 이날 페널티킥 상황에서 흐루시카가 움직이는 패턴을 발견했던 것입니다. 골키퍼는 항상 키커가 킥을 시도하기 직전의 순간까지 기다렸다가, 공이 어디로 갈지 예상한 뒤 선수가 킥을 하기 직전에 몸을 날려 공을 막는다는 사실을 깨달은 것이지요. 바꿔 말해 공이 어디로 날아가는지 확인하고서 몸을 던지는 것이 아니라, 키커가 공을 차는 순간 이미

남들과 다른 각도로 세상을 본다

'어떻게 넣을까'가 아닌 '어떻게 못 막게 할까'를 고민하다

골키퍼는 몸을 날립니다. 즉 골키퍼가 공의 방향을 확인하는 것이 아니라 '예측한다'는 것을 의미합니다. 키커가 찬 공이 빠르기 때문에 공이 날아가는 궤적을 확인하고 몸을 던지면 골키퍼는 이미 늦는 것입니다.

©Newsis

　이윽고 다시 실전과 같은 시합이 시작되었습니다. 파넨카가 공을 살포시 내려놓고 뒤로 물러났습니다. 그리고 골대를 응시하고 서서히 공을 차기 위해 돌진했습니다. 공을 힘껏 차려는 순간, 예상했던 대로 흐루시카는 이미 한쪽으로 몸을 던지려는 자세를 취했습니다. 이때 파넨카는 공의 밑둥을 살짝 쳐서 흐루시카가 서 있던 정가운데로 공을 던지듯 차 넣었습니다. 공은 완만한 포물선을 그리며 골네트를 갈랐습니다. 흐루시카가 이미 한쪽 방향으로 몸을 던진 직후였지요. 땅에 떨어진 흐루시카는 골대 안으로 들어가는 공을 멍하니 쳐다볼 뿐이었습니다. 파넨카 킥은 이렇게 탄생했습니다.

골키퍼의 심리적 허점을 공략하다

　어떻게든 승패를 가려야 하기에 도입된 승부차기 제도. 키커로 나서는 선수들이 느끼는 심리적 압박은 이만저만이 아닙니다. 그런데 이론적으로는 키커의 입장에서 페널티킥 성공은 보장되어 있는 것과 다름없습니다. 키커가 찬 공이 골라인을 지나는 데 걸리는 시간은 0.4~0.55초 사이입니다. 하지만 골키퍼가 공을 보고 반응하는 시간은 아무리 잘해도 0.6초가 넘습니다. 키커가 공을 제대로만 찬다면 절대적으로 골키퍼가 불리한 게임일 수밖에 없는 이유가 여기에 있습니다.

그러나 페널티킥은 기술보다는 심리적인 싸움입니다. 그래서 골키퍼는 독심술을 부리듯 의도적으로 키커에게 강한 눈빛을 보내거나 양팔을 벌려 크게 흔드는 등 교묘한 사전 동작으로 실축을 유도합니다. 또한 한쪽 방향으로 미리 움직여 0%에 가까운 방어 확률을 50% 가까이 높입니다. 어차피 공의 방향을 따라갈 수 없다면 한쪽 방향을 포기하고 '모 아니면 도'라는 식으로 방어를 하는 것입니다.

파넨카는 이런 골키퍼의 행동 패턴을 파악하고 골키퍼가 몸을 던지는 왼쪽도 오른쪽도 아닌, 미처 예측하지 못한 한가운데를 향해 킥을 날린 것입니다. 파넨카는 어떻게 하면 정확한 골을 넣을 수 있을까를 고민하지 않고, 골키퍼가 어떻게 하면 자신의 킥을 막지 못하게 할 수 있을까를 고민했습니다. 킥의 기술이 아니라 골키퍼의 심리를 이겨 내는 기술을 택한 것이지요. 파넨카는 먼저 방향을 선택해야 하는 골키퍼의 움직임을 역이용해 한가운데를 노리는 슛으로 허를 찌른 것입니다. 더구나 공을 세게 차지 않고 힘을 완전히 빼고 찼기 때문에 슛의 정

180

'어떻게 넣을까'가 아닌 '어떻게 못 막게 할까'를 고민하다

확도를 높이고 골키퍼의 타이밍도 빼앗을 수 있었습니다.

결승전에서도 파넨카 킥을

1976년 UEFA(유럽축구연맹)컵 대회에 출전한 체코슬로바키아 팀은 결승전에서 서독과 만났습니다. 경기는 치열한 접전 끝에 연장전으로 돌입했습니다. 결국 연장전을 마치고도 최종 스코어 2대 2로 승부를 가리지 못한 채 유럽 축구 선수권 대회에서 치러진 결승전 역사상 처음으로 승부차기에 돌입했습니다. 양 팀 모두 세 번째 선수까지는 무난하게 골을 성공시켰고, 서독의 네 번째 선수 울리 회네스가 키커로 나섰으나 그의 킥은 아슬아슬하게 크로스바를 스쳐 지나가 버립니다.

승부차기 4대 3으로 앞선 상황에서, 드디어 파넨카가 체코슬로바키아의 다섯 번째 선수로 나섰습니다. 파넨카는 공을 향해 강슛을 날릴 듯이 힘차게 뛰어갔고, 그가 공을 차려는 순간 당시 서독의 골키퍼였던 제프 마이어는 왼쪽으로 몸을 날렸습니다. 찰나의 시간에 파넨카는 평소에 연습한 대로 공을 가볍게 차서 골대 정면으로 날려 보냈습니다. 관중은 환호했고 서독 선수는 망연자실했습니다. 파넨카는 그가 개발한 킥으로 가장 극적인 순간에 가장 극적인 골을 만들어 낸 것입니다. 파넨카는 1980년 UEFA 대회에도 출전해, 이탈리아와의 3·4위전에서 다시 한 번 파넨카 킥을 성공시켜 체코슬로바키아가 3위를 차지하는 데 결정적으로 공헌했습니다.

　스포츠 심리에 대한 연구가 미흡했고, 현대 축구에 비해 기술도 미약했던 시절임을 감안할 때 그의 아이디어와 도전은 혁명적인 시도였습니다. 더구나 UEFA 대회의 결승전에서 거둔 성공이니 대단한 성과였지요. 이전까지 골키퍼를 향해 정면으로 슛을 차는 선수가 없었기 때문에 파넨카 킥은 엄청난 센세이션을 불러왔고, 그를 모방한 선수들도 날로 늘어나기 시작했습니다. 지금도 여전히 국제적으로 내로라하는 선수들이 주요 대회에서 파넨카 킥을 경쟁적으로 선보이고 있답니다.

※ 이번에는 페널티킥의 키커가 아닌 골키퍼의 입장에서 생각해 봅시다.

(1) 골키퍼의 입장에서 키커의 킥을 잘 막아 낼 수 있는 창의적인 아이디어를 생각해 봅시다.

(2) 세계적으로 유명한 골키퍼에 대해 알아보고 그들이 왜 유명한 골키퍼가 되었는지 조사해 봅시다.

남들과 '똑같은' 것을 '다르게' 파는 방법

: 똑같이 생각하면 다른 길을 볼 수 없다

최근에 성룡이 주인공으로 열연한 홍콩 영화를 보면서 인상 깊은 장면 하나를 목격했습니다. 골동품 경매장에 세계에 단 두 장뿐이라는 아주 희귀한 우표가 경매 물건으로 나왔습니다. 악당인 듯한 한 사내가 매우 높은 가격에 그 우표를 사들였습니다. 경매가 낙찰된 직후 그 사내는 많은 사람들이 지켜보는 앞에서 고가에 사들인 우표 두 장 중에 한 장을 불태워 버립니다. 천문학적인 가격을 지불하고 낙찰받은 우표를 불태워 버리는 그 사내를 보면서 현장에 있던 사람들은 비명을 질러 댔습니다. 그때 사내는 의기양양한 표정으로 남아 있는 한 장의 우표를 손에 높이 들고 이렇게 말합니다.

"이제 이 우표는 세상에 단 한 장밖에 남지 않은, 인류의 마

183

지막 유산이오. 자, 이것을 구매하실 분 없으시오?"

이후의 장면은 굳이 말하지 않아도 상상이 가지요? 마지막 남은 한 장의 우표는 2배, 20배, 100배로 폭등했을 것입니다.

사지 않겠다는 이에게 더 높은 가격을 제시하다

조선 시대에도 귀중한 물건을 애지중지하지 않고 오히려 '사라지게 함'으로써 자산의 가치를 높인 사례가 있습니다. 드라마로도 제작된 적이 있는 최인호의 소설 『상도』를 보면, 주인공 임상옥이 조정에서 파견한 사신단 일행과 함께 청나라 연경으로 인삼 5,000근을 싣고 가서 팔고 오는 장면이 나옵니다. 이때가 1809년인데, 당시 조선의 인삼은 중국과의 교역으로 이미 오래전부터 최고의 가치를 지닌 상품이었습니다. 중국의 이름난 의원들 사이에서 "조선의 인삼이 들어 있지 않은 탕약은 약도 아니다."라는 말이 나돌 정도로 중국 약재 시장에서 조선 인삼의 명성이 자자했지요.

임상옥이 사신단과 함께 연경을 방문할 수 있었던 것은 그가 조정으로부터 인삼에 대한 독점 판매권을 인정받고 있었기 때문입니다. 독점으로 인삼을 판매할 수 있다는 점을 십분 활용한 임상옥은 연경에 도착하자마자 인삼 가격을 1근에 40냥으로 공지했습니다. 기존에는 15냥에서 25냥 사이의 가격으로 판매되던 것이었으니, 거의 두 배가량 값을 올려 매긴 셈입

남들과 다른 가치를 세일을 분다

남들과 '똑같은' 것을 '다르게' 파는 방법

니다. 그동안 대국이라는 이유로 중국과 거래할 때에는 최소한의 이윤만을 취하고 헐값에 가까운 가격에 판매해야만 했던 현실에 부당함을 느낀 임상옥의 조치였습니다. 임상옥은 40냥의 값어치를 충분히 하고도 남는 것이 바로 조선의 인삼이라고 생각했습니다. 조선에서 힘들게 농사지은 최고의 인삼을, 그것도 연경까지 힘들게 싣고 온 것을 감안하면 40냥의 가격도 모자라면 모자랐지 결코 과하지 않다고 생각했습니다.

갑자기 오른 인삼 가격에 중국 연경 근처의 약재상들은 난리가 났습니다. 임상옥이 폭리를 취한다는 소문이 나돌기 시작했습니다. 급기야 그의 행위가 중국 약재 시장의 질서를 위협하는 도발 행위라고 손가락질하는 이도 있었습니다. 그러더니 결국 얼마 지나지 않아 인삼을 사러 오는 사람들의 발길이 뚝 끊기고 말았습니다. 중국 약재상끼리 임상옥의 인삼을 사지 않기로 담합을 한 모양이었습니다. 그렇게 며칠이 지나자 현지의 약재상들은 이제 조금만 더 있으면 임상옥이 버티지 못하고 어쩔 수 없이 가격을 내릴 것이라고 기대하기 시작했습니다.

"임상옥, 그놈이 얼마나 더 버틸 수 있겠어? 조선에서부터 애써 가져온 인삼을 도로 가져가지 않으려면 싸게라도 팔아야지. 뭐 별수 있나."

약재상들은 조금만 더 버티면 종전 가격보다 더 싼 가격에도 인삼을 살 수 있을 거라는 심보를 드러냈습니다. 그런데 임상옥의 반응은 약재상들을 의아하게 했습니다. 임상옥이 인삼 1근의 가격을 45냥으로, 오히려 5냥을 더 올린 것입니다. 약재상들은 임상옥에게 '도둑놈, 미친놈'이라고 욕하고 침을 뱉으며 돌아섰습니다. 그러나 임상옥은 눈썹 하나 꿈쩍하지 않았습니다. 임상옥의 머리는 더 치밀하게 돌아가고 있었습니다.

다음 날 임상옥은 사람들이 분주히 다니는 저잣거리에 나갔습니다. 그리고 대동했던 하인들에게 명령했습니다.

"이곳에 장작더미를 쌓고 불을 붙이도록 해라."

장작더미에 불이 붙자 불길이 하늘 높이 솟았습니다. 대낮 저잣거리에 불길이 일어나자 사람들이 불구경을 하러 구름 떼같이 모여들었습니다. 임상옥이 인삼을 불에 태우고 있다는 소식이 삽시간에 연경 시내로 퍼져 나갔습니다. 이 소식을 들은 시내의 약재상들은 대경실색하고 말았습니다. 가격이 떨어질 것을 확신하며 약재 구입을 미루고 있었는데, 구입해야 할 인삼이 불에 타고 있다는 소식은 청천벽력이나 다름없었습니다.

인삼이 들어가지 않는다면 약재상들이 판매하는 약들이 무효하게 될 것이며 그렇게 되면 결국 문을 닫아야만 할지 모른다는 위기감이 돌았습니다. 사실 당시 연경의 약재상들은 아무리 인삼 가격이 높아도 살 수밖에 없는 처지였습니다. 바꿔 말해 이번에 인삼을 구입하지 못하면 다시 1년 이상을 기다려야 하는 상황이었지요. 임상옥은 그것을 간파한 것입니다.

곧 약재상들이 임상옥의 상단에 몰려들었습니다. 인상된 가격인 45냥을 기꺼이 지불하고서 앞다퉈 인삼을 구입하고자 했습니다. 모여든 약재상들에게 임상옥이 이렇게 말했습니다.

"당신들이 인삼 구입을 망설였기 때문에 이미 많은 인삼이

남들과 '똑같은' 것을
'다르게' 파는 방법

불에 타 없어졌소. 내가 목표로 한 이윤을 채우기 위해서 남아 있는 인삼은 종전 가격에 팔 수 없게 되었소. 지금부터는 45냥의 2배인 90냥에 판매하겠소."

그 순간에도 인삼은 불길 속으로 던져지고 있었습니다.

약재상들은 초조함에 눈동자가 흔들리기 시작했습니다. 자칫하면 영원히 조선 인삼을 구매할 수 없다는 불안감이 현실이 될 수도 있다는 사실을 깨달았던 것입니다.

"100냥이라도 낼 테니, 나에게 파시오!"

약재상들은 웃돈을 제시하며 인삼 구매를 서둘렀습니다. 임상옥 앞에 몰려든 사람들이 장사진을 이루었습니다.

"줄을 서시오. 더 이상 웃돈을 받지 않을 것이오."

임상옥은 웃돈을 받지 않고 공지한 대로 90냥만을 받았습니다. 남아 있던 인삼이 한 식경도 되지 않아 모두 팔린 것은 물론이지요.

남과 다른 방식으로 팔기

임상옥이 중국 약재상들의 요구를 수용해 가격을 낮추었다면 어떻게 되었을까요? 40냥은커녕, 25냥, 아니 15냥밖에 받지 못할 수도 있었습니다. 가격 통제권을 약재상에게 뺏긴다면 그보다 더 낮은 가격에 판매해야 할 상황에 처할 수도 있었습니다. 어쩌면 거래 자체가 중지되고 빈털터리로 고국에 돌아올 수도 있었겠지요.

일반적으로 수요 공급의 원칙에 의하면 수요가 없을 때 공급 가격은 떨어집니다. 공급 가격은 그에 합당한 수요가 발생하는 지점까지 계속해서 떨어지는 것입니다. 임상옥이 만약 노벨경제학상을 받은 경제학자였다면 인삼을 사러 오는 발길이 뚝 끊긴 상황에서 인삼 가격을 대폭 낮추어서 수요 심리를 살리려고 했을 것입니다. 그러나 임상옥은 오히려 가격을 높였습니다. 당시의 상인들이 생각하기에도, 그리고 현대의 경제학자가 보기에도 그의 행동은 상식과 어긋나는 행동이었습니다. 경제학자들도 미처 생각지 못할, 상품을 불에 태워 없애는 초강수. 그것이 임상옥의 창의적인 생각이었습니다.

임상옥의 발상은 오늘날 홈쇼핑 방송에서 사용하는 이른바 '마감 전략'과 유사합니다. '한정 판매', '마감 임박', '곧 매진됩니다' 등과 같이 소비자의 불안감을 증폭시키는 전략을 이미 300년 전에 구사했던 것이지요. 게다가 그 전략이 먹힐 수 있었던 것은 당시 인삼이 일반적인 수요 공급의 원칙에 들어맞지 않는 상품이라는 것을 놓치지 않은 통찰력이 있었기 때문입니다. 당시 조선 인삼은 가격탄력성이 높지 않은 상품이었습니다. 즉 가격이 오르내리더라도 상품 수요가 덩달아 줄거나 늘지 않을 것이라는 사실을 임상옥은 알고 있었던 것입니다. 그가 왜 거상인지를 단적으로 보여 주는 사례입니다. 임상옥이 인삼의 이런 속성을 깨닫지 못하고 누구나 생각할 수 있는 방법으로 인삼을 팔려고 했다면 손해를 감수해야 했을 것입니다.

남들과 다른 기가 세상을 만든다

남들과 '똑같은' 것을
'다르게' 파는 방법

남이 생각지 못한 곳에 팔기

이번에는 다른 사례를 소개해 보겠습니다. 국내 굴지의 난로 제조 회사 P는 사막이 있는 중동에 난로를 수출하는 회사입니다. 뜨거운 사막에 난로를 팔아야겠다는 생각은 어떻게 나왔을까요? 최고의 기술력을 갖추었음에도 불구하고 시장이 포화 상태인 데다가 경쟁이 심화되어 새로운 시장을 개척해야 했던 P 회사는 일교차가 큰 사막의 날씨에 주목했습니다.

사막의 날씨는 한낮에는 뜨거울 정도로 덥지만 해가 지면 기온이 뚝 떨어집니다. 얼음이 얼 정도는 아니지만 늘 뜨거운 날씨에 노출되어 있기에 현지 사람들은 영상 10도 안팎의 기온에도 냉기를 느끼고 추워한다는 것을 P 사는 간파했습니다. 또 일부 중동 국가에는 고산 지대가 있어 생각도 못한 추운 겨울이 존재한다는 것도 알게 되었습니다. 그뿐만이 아닙니다. 사막이 있는 중동 국가는 대부분 원유 생산국이기 때문에 연료값이 저렴하다는 이점이 있습니다. 이렇게 중동의 상황을 정확히 파악한 P 사는 중동 국가를 상대로 석유난로 시장을 집중적으로 개척하기 시작했습니다. 현재 중동 지역에서 이 회사의 석유난로 시장 점유율은 75% 내외입니다.

또한 대기업인 L 사는 에어컨을 러시아에 수출하는 것으로 유명합니다. 추운 날씨로 유명한 러시아에 과연 에어컨이 필요할까요? L 사는 시장 조사를 통해 러시아가 1년 내내 추운 겨울은 아니라는 것을 알게 됩니다. 30도를 웃도는 무더위는 아니지만 1년 중에 한 달 남짓 정도는 현지 사람들이 덥다고 느낄 만한 여름이 존재한다는 것을 알아냈습니다. 러시아 사람들은 항상 추위에 익숙하다 보니 오히려 약간만 더워도 못 견뎌한다는 습성까지도 파악했지요. L 사는 즉각 러시아 사람들이 사용할 에어컨을 판매하기 위해 전략을 수립했고, 이미 최고의 기술력을 인정받고 있던 이 회사는 현재까지도 러시아에서 최고의 시장 점유율을 차지하고 있습니다.

사막에 냉장고와 에어컨을 팔아야겠다는 생각, 추운 겨울에 난로를 팔아야겠다는 생각은 누구나 할 수 있습니다. 아니, 그것은 '생각'이랄 것도 없이, 이미 당연하게 여겨지는 일입니다. 오늘날에는 사회의 변화 속도와 양상이 매우 빠르고 급격하기 때문에 사람들이 심사숙고하기보다는 직관적으로 판단하는 것에 익숙해져 있습니다. 그래서 문제 상황이 주어지면 가장 이상적인 해결책을 찾으려 노력하기보다는 현실적으로 쉽사리 만족할 수 있는 수준의 답을 찾는 것에 그치는 경향이 있습니다. 그러니 뜨거운 사막에도 석유난로를 팔 수 있다는 생각을 못 하고, 얼음의 나라에도 냉기를 뿜는 에어컨을 팔 수 있다고 생각하지를 못하는 것입니다. 여러분도 이 사례를 통해 미처 생각지 못한 창의성의 힘을 느꼈을 것입니다. 남들이 미처 생각지 못한 것을 생각해 보는 것, 그것이 우리를 창의적인 세상으로 이끄는 힘입니다.

남들과 다른 생각이 세상을 바꾼다

남들과 '똑같은' 것을
'다르게' 파는 방법

※ 다음 상황을 해결하기 위한
창의적인 아이디어를 생각해 봅시다.

(1) 더운 여름에 붕어빵 팔기

(2) 추운 겨울에 팥빙수 팔기

Story 19

3대에 걸쳐 진화하는 장난감

: 전통에 새로운 전통을 더해 가는 것이 혁신이다

다음은 어떤 장난감에 대한 설명입니다. 어떤 장난감을 가리키는 것인지 한번 맞혀 보세요. 1949년 이래로 4,000억 개의 부품이 생산되었으며 그 부품을 줄 세우면 지구에서 달까지 5번 왕복할 수 있습니다. 지금 이 순간에도 전 세계적으로 1초당 7개의 세트가 팔립니다. 한 사람당 평균 62개의 블록 조각을 보유하고 있으며, 전 세계 사람들이 이 장난감을 가지고 놀며 즐기는 시간이 연 50억 시간에 달합니다. 그리고 이 장난감에 쓰이는 자동차 타이어 생산량만 해도 무려 연간 3억 6백만 개에 이른다고 합니다. 이 장난감은 무엇일까요?

바로 '레고(LEGO)'입니다. 레고는 어떻게 이토록 많은 사랑을 받는 장난감이 되었을까요? 이 회사가 장난감을 만들 때는

192

다음과 같은 십계명을 반드시 지킨다고 합니다.

1. 수많은 놀이를 할 수 있는 장난감
2. 남녀 아이 모두를 위한 장난감
3. 모든 연령의 아이들에게 맞는 장난감
4. 1년 내내 가지고 놀 수 있는 장난감
5. 아이들의 건강과 편안함을 고려한 장난감
6. 적당한 놀이 시간을 지킬 수 있는 장난감
7. 상상력과 창의력을 키울 수 있는 장난감
8. 가지고 놀수록 가치가 더해지는 장난감
9. 쉽게 구할 수 있고, 보충할 수 있는 장난감
10. 완벽한 품질의 장난감

요요를 바퀴로, 레고에 플라스틱을

올센 크리스티얀센은 아주 유능하고 성실한 덴마크의 목수였습니다. 올센은 1932년 덴마크의 한적한 마을 빌룬트에 나무 장난감을 만드는 공장을 세웁니다. 그가 만든 장난감 중에서도 사람들이 특히 좋아했던 것은 바퀴가 달린 오리 인형이었습니다.

"어머, 이 집 아들이 가지고 노는 저 장난감은 어디서 사셨나요?"

"저건 산 게 아니라, 제가 아들 주려고 만든 겁니다."

"올센 씨, 저도 하나만 만들어 주세요. 공짜로 만들어 달라는 건 아니에요. 값을 지불할게요. 같은 동네 주민이니까 좀 싸게만 해 주세요."

올센이 자신의 아이들에게 만들어 준 장난감이 동네 사람들 눈에 우연히 띈 것이 계기가 되어 하나둘 생산량을 늘리다 보니, 어느새 이 장난감이 그의 주력 상품이 되었습니다. 올센이 장난감만 만든 것은 아닙니다. 초창기에는 가정에서 사용하는 목제 생필품도 함께 생산했는데, 날이 갈수록 자주 주문을 받는 것은 오리 인형을 비롯한 바퀴 달린 장난감이었습니다. 그러자 올센은 사업 방향을 급선회하기에 이릅니다.

'이것저것 다양하게 많이 만들기보다 한 가지 상품에 회사의 역량을 모아야겠다.'

올센은 그의 회사 이름을 레고라 짓고 본격적으로 장난감을 생산하기로 결정합니다. 레고는 덴마크어 '레그 고트(Leg Golt)'에서 나온 말로 '잘 논다.'라는 뜻을 지니고 있습니다.

장난감을 주력 상품으로 삼은 올센은 홍보를 위해 전국 방방곡곡을 돌아다니다가 요요를 가지고 노는 아이들이 하나둘 늘어남을 목격했습니다. 요요의 유행을 직감한 올센은 그동안 널리 인정받은 품질을 바탕 삼아 레고에서도 요요를 제작하기로 결정합니다. 올센의 직감은 적중했습니다. 얼마 지나지 않아 전 세계적으로 요요가 대유행하기 시작했습니다. 레고는 타의 추종을 불허하는 품질과 디자인으로 잠시나마 호황을 맞게

3대에 걸쳐
진화하는 장난감

됩니다. 그런데 얼마 지나지 않아 요요의 인기가 조금씩 시들해지기 시작하더니 반품이 늘고 덩달아 재고도 기하급수적으로 늘어났습니다. 직원들이 동요하기 시작하고 올센의 고민도 깊어 갔지요.

'이를 어쩌지? 요요의 인기가 이렇게 갑자기 수그러들 줄은 미처 몰랐는데…….'

하지만 올센의 고민은 그리 오래가지 않았습니다. 문제의 해결 방법을 생각해 낸 것입니다. 올센은 직원들을 모아 놓고 물었습니다.

"우리 레고 사에서 가장 인기 있는 상품이 뭐지요?"

"그거야 세상 사람들이 모두 알다시피 바퀴 달린 인형 아닙니까?"

직원들은 의아스러운 눈빛으로 답했습니다.

"여러분, 요요를 절반으로 나누면 바퀴 두 개가 됩니다. 우리는 인형에 달 바퀴를 미리 만들어 놓은 겁니다."

재고를 골칫덩어리로 여기지 않고 미리 만들어 놓은 제품으로 바라본 올센의 아이디어에, 절망하던 직원들이 감탄하며 다시 생기를 찾았습니다.

시간이 흘러 때는 바야흐로 세계 2차 대전이 끝난 1945년, 올센은 우연히 손에 들어온 미국산 레코드판을 보고 눈이 번쩍 떠졌습니다. 그가 눈여겨본 것은 바로 레코드판을 만든 신소재 플라스틱이었습니다. 그동안 나무로 장난감을 만들어 온 올센에게 플라스틱은 낯선 소재일 수밖에 없었으나 그는 그것을 허투루 보지 않았습니다. 올센은 수소문 끝에 플라스틱을 녹여서 성형 틀에 넣으면 원하는 대로 모양을 만들 수 있다는 놀라운 정보를 입수하고 곧바로 플라스틱 성형 기계를 구하러 영국으로 떠났습니다. 올센은 영국에서 저렴한 성형 기계를 한 대 사 가지고 돌아왔습니다. 그때 직원으로 일하던 올센의 아들 고트 프레드가 이렇게 말했습니다.

"우리 회사는 오래전부터 나무 장난감으로 명성을 얻었는데 왜 생소한 플라스틱 장난감을 만들려고 하세요?"

올센은 꾸중하듯 고트프레드를 다그쳤습니다.

"과감하게 도전하지 않는 자에게 미래는 없다. 이 플라스틱의 장점은 똑같은 모양을 계속해서 찍어 낼 수 있다는 점이야. 대량생산으로 회사 규모를 키우려면 이 기계가 반드시 필요하단다."

고트프레드는 선각자와 같은 아버지 올센의 말씀을 가슴 깊이 새겼습니다. 실제로 플라스틱 제품이 알록달록한 색깔로 다양한 모양을 마구 쏟아 내는 모습을 보고 고트프레드는 플라스틱의 매력에 푹 빠져들었습니다. 고트프레드는 플라스틱을 활용한 장난감을 개발하는 데 더욱 노력을 기울였습니다. 무엇보다도 가볍고 다루기 쉬운 소재라는 점이 고트프레드의 마음을 사로잡았습니다. 올센과 고트프레드의 노력으로 간단한 벽돌 모양의 레고 블록이 출시되어 상품화되기 시작했습니다. 고트프레드는 어느새 레고의 2인자인 부사장의 자리에까지 오르게 되었습니다.

3대에 걸쳐
진화하는 장난감

튜브 특허와 바퀴 블록 그리고 레고 랜드

레고는 갈수록 잘 팔려 나갔지만 고트프레드에게는 고민이 하나 생겼습니다. 블록끼리의 결합 상태가 만족스럽지 않았던 것입니다. 결합이 헐거워서 블록이 쉽게 빠져 버리기 일쑤였습니다. 그래서 강한 결합을 위해 블록이 꽉 끼워지도록 제품을 만들었더니 이번에는 해체할 때 잘 분리되지 않는 것이 문제였습니다. 그러다가 고트프레드는 우연히 손에 들고 있던 만년필을 보고 해결 방안을 떠올립니다.

만년필과 뚜껑이 모두 원기둥 모양인데도 자연스럽게 열리고 닫히는 모습을 보고 이를 레고 블록에 적용하게 된 것이지요. 고트프레드는 레고 블록의 뒷면에 원기둥 모양의 튜브를 여러 개 세워서 다른 블록을 끼우고 분리할 때의 문제점을 해결합니다. 이것을 본 올센은 "이 정도 결합력이라면 진짜 집도 지을 수 있겠다."라며 크게 만족스러워했습니다. 1958년에 레고는 이러한 결합 방식에 대한 특허를 받게 됩니다. 우리가 지금 보고 있는 레고의 모습은 바로 이 특허가 적용된 것이지요.

이후에 레고 회사에는 두 가지 큰 악재가 찾아왔습니다. 첫 번째는 레고의 1세대 창업주인 올센이 지병인 뇌출혈로 1958년 사망한 것이고, 둘째는 1960년에 빌룬트의 창고에 큰 불이 나서 나무 장난감 자재와 완제품이 모두 타 버린 것입니다. 레고의 2세대 사장으로 승진한 고트프레드는 오히려 이를 계기로 회사를 크게 늘리고 새로운 제품을 내놓아 세계 시장에서 레고의 명성을 한 단계 업그레이드시킵니다.

불이 난 나무 장난감 사업을 완전히 접고, 그 대신 전통적인 인기 상품이었던 바퀴 달린 인형에서 영감을 얻어 레고 블록에 '바퀴 블록'을 추가한 것입니다. 바퀴를 추가하자 주로 건물을 짓던 레고 블록은 아이들이 좋아하는 자동차, 기차, 비행기, 자전거 등 온갖 탈것을 만들 수 있는 획기적인 상품이 됩니다. 호랑이에 날개를 단 듯 레고 회사는 올센 생전보다 더욱더 비약적인 발전을 해 나갑니다. 바퀴 달린 블록 하나를 추가한 것이 레고의 역사를 바꾼 위대한 아이디어가 된 셈이지요.

레고가 유명해지자 레고 공장 본사가 있는 빌룬트 마을에 사람들이 하나둘 찾아오기 시작했습니다. 공장을 견학하고자 하는 사람들이 많아지자 작업에 방해가 되는 경우도 늘어났습니다. 고트프레드는 이를 골칫거리로 생각하지 않고 별것 아니라는 듯이 해결책을 내놓았습니다.

"반드시 공장이 아니더라도 레고를 충분히 구경하고 갈 수 있도록 별도의 공간을 만들어 봅시다."

그렇게 해서 공장 근처에 레고 전시 공원이 생겨났습니다. 그 공원은 방문객뿐만 아니라 직원들도 쉴 수 있는 공간이 되었습니다. 사람들이 점점 더 많이 모이자 공원의 규모가 점점 커졌고, 전시물도 많아졌습니다. 어느새 신제품 전시까지 이루어지게 되었고, 자연스럽게 레고 백화점이 들어서 쇼핑몰이 생겨났으며 급기야 1968년에는 '레고 랜드'라는 이름으로 테마 공원이 개장하기에 이르렀습니다. 지금도 많은 사랑을 받고 있

셈이지요.

그렇게 해서 공장 근처에 레고 전시 공원이 생겨났습니다.

새로운 아이디어는 세상을 바꾼다

198

3대에 걸쳐
진화하는 장난감

창의적인 애이디어를 꽃피우고
실현하기 위한 도전을 멈추지 않았기에
레고는 전통 위에 새로운 전통을 더하며
진화할 수 있었다.

는 레고 랜드는 덴마크의 명물로 해마다 수많은 사람이 다녀가
는 명소가 되었습니다.

피규어가 추가되고 컴퓨터와 결합하다

고트프레드의 아들 켈이 성장해 경영학을 전공하고 회사 경
영에 조금씩 참여하며 일을 배울 때였습니다. 고트프레드가 주
재하는 아이디어 회의가 열렸을 때 켈이 의견을 냈습니다.

"우리 장난감에는 중요한 것이 하나 빠져 있습니다."

"빠져 있다니요? 그게 뭐지요?"

"네, 사람입니다."

"사람이 없다니요?"

"우리 레고 블록으로 웬만한 건물은 지을 수 있고, 탈것들을
조립할 수도 있어요. 또 셀 수 없이 다양한 사물을 만들 수 있지
요. 그런데 막상 사람이 없습니다. 이 세계의 주인은 사람인데,
우리 블록에는 왜 사람이 없지요?"

아들 켈의 말을 들은 고트프레드는 머리를 무엇인가에 부딪
친 듯 큰 충격을 받았습니다. 수십 년 동안 자신도 생각지 못한
중요한 사실을 아들이 일깨워 준 것입니다. 이 세상을 모두 만
들 수 있는 레고에 정작 사람이 없었다는 것은 영혼이 없는 장
난감이었다는 말과 같았습니다. 고트프레드는 즉각 레고 블록
에 각종 피규어를 추가 제품으로 구성합니다. 자동차에도 정원

3대에 걸쳐
진화하는 장난감

에도 집 안에도 작은 피규어가 자리를 잡자, 마치 살아 있는 세상을 보는 듯 생기가 넘치는 레고 블록이 되었습니다.

이 아이디어가 얼마나 믿음직스러웠는지 고트프레드는 1979년에 회사의 대표직을 아들 켈에게 물려주기에 이릅니다. 그때 켈의 나이는 32세에 불과했습니다. 켈은 아직 때가 아니라며 사양할 만큼 경영 대표를 맡기엔 젊었지만, 대표직을 맡자 훌륭하게 역할을 수행하며 역량을 발휘했습니다.

"장난감을 가지고 노는 시대는 지나가고 있어요. 이제 장난감으로 학습하고 교육할 수 있는 시스템을 갖춰야 할 때입니다."

켈은 미국 유수의 공과 대학인 엠아이티(MIT)와 손잡고 몇 해에 걸친 공동 연구 끝에 다시 한 번 세계를 깜짝 놀라게 할 제품을 내놓습니다. 그것이 바로 1998년에 발표한 지능을 가진 로봇, '마인드 스톰'입니다. 마인드 스톰은 컴퓨터와 연결해 작동합니다. 일종의 로봇 개발 키트라고 할 수 있지요. 블록 안에 프로그램이 가능한 컨트롤러를 내장해 조립한 블록을 마음대로 조종까지 할 수 있도록 했습니다. 레고는 앞서 말한 테마 파크 이외에도 현재 비디오 게임, 만화 영화 등 또 다른 문화 영역으로 그 영향력을 넓혀 가고 있습니다.

미래가 더 기대되는 레고

단기의 성공에 안주하지 않고 끊임없이 진화하는 레고. 레고의 이러한 성장 과정은 자연에서 도태되지 않으려는 자연적 진화와는 다릅니다. 미래를 예견하고 새로운 시대를 앞서 나가려는 올센, 고트프레드, 켈로 이어지는 '레고 3대'의 땀과 노력이 만들어 낸 창의적인 진화이지요. 수학자나 교육학자의 연구에 의하면, 레고를 가지고 노는 아이들은 창의성이 좋아지고 사고력이 좋아진다고 합니다. 레고 블록을 만들고 진화시킨 이 세 사람이야말로 창의적인 아이디어로 가득 차 있는 사람이 아닐까요? 이렇게 창의적인 아이디어를 꽃피우고 실현하기 위한 도전을 멈추지 않는 한, 레고는 앞으로도 진화를 거듭할 것이 분명합니다. 10년 후, 30년 후의 모습이 더 기대되는 장난감입니다.

※ 다음 활동을 함께 해 봅시다.

(1) 자신이 가지고 놀았던 레고 블록의 아쉬운 점이나 개선할 점이 무엇인지 말해 봅시다.

(2) 미래의 레고는 어디까지 진화할 수 있을지 상상해 봅시다.

3부

미래를 바꿀
방정식 생명체들이 싸우고 있다
조각

풍차로 바꾸는 아프리카의 미래

: 성공을 위한 밑알이 되어라

아프리카는 우리에게 참 낯선 땅입니다. 여러분은 '말라위'라는 이름을 들어 본 적 있나요? 생소할지 몰라도 말라위는 아프리카 대륙의 동남부에 위치한, 어엿한 국가의 이름입니다. 그런데 우리에게 이름조차 생소한 이 나라에서 한 청년이 아프리카 대륙을 변화시킬 위대한 생각을 품고 살아가고 있습니다. 아프리카의 변화는 윌리엄 캄쾀바의 작지만 창의적인 생각에서 이미 시작되었습니다.

윌리엄 캄쾀바는 1989년 말라위의 작은 마을 카승구에서 태어났습니다. 비록 가난한 집에서 태어났지만 자상하고 성실한 부모님 덕분에 어린 시절 그는 행복하게 성장할 수 있었습니다. 그런데 초등학교를 졸업하고 중학교에 입학한 캄쾀바는

1년도 못 되어 학교를 그만둬야 했습니다. 약 80달러의 학비를 감당할 수 없을 만큼 집안이 가난했기 때문입니다. 이것은 비단 캄쾀바만의 사정은 아니었습니다. 그해 같은 중학교에 입학한 70명 가운데 학년 말에 남아 있는 학생은 20명뿐일 정도로 당시 말라위에는 심각한 가난이 만연해 있었습니다.

옥수수와 담배 농사를 지으며 근근이 살아가던 이곳에 어느 해 끔찍한 기근이 닥쳤습니다. 거리는 식량을 구하는 사람들로 들끓었고 먹을 것을 구하지 못한 수많은 사람들이 굶어 죽어 갔습니다. 캄쾀바의 눈앞에 펼쳐진 현실은 생지옥이었습니다. 캄쾀바 가족도 하루에 한 끼밖에 먹지 못했습니다. 이런 상황에서 학교에 다닌다는 것은 그야말로 사치였습니다. 학교에 다닐 수 없게 되자, 쾀쾀바는 근처에 있는 초등학교 도서관에 가서 책을 읽으며 시간을 보냈습니다.

도서관에는 미국 정부에서 기증한 책들이 많이 있었는데, 호기심 많았던 캄쾀바는 많은 책 중에서 『물리 설명하기』와 같은 과학책에 자주 손이 갔고, 그것을 통해 기초 과학 지식을 쌓았습니다. 그러던 어느 날 『에너지의 이용』이라는 책을 집어 든 캄쾀바는 표지에 그려진 낯선 그림에서 시선을 떼지 못한 채 뚫어져라 그것을 쳐다봤습니다. 그 책의 표지에는 거대한 풍차가 그려져 있었습니다. 이날 우연히 보게 된 풍차 그림 한 장으로 인생이 완전히 뒤바뀔 줄은 캄쾀바 자신도 알지 못했습니다. 캄쾀바가 '풍차'라는 것을 난생처음 본 순간이었습니다.

'선풍기처럼 생긴 이것은 도대체 무엇이지?'

풍차로 바꾸는
아프리카의 미래

풍차에서 자신의 운명을 깨닫다

어느 날 저녁 캄쾀바의 아버지는 집으로 초대한 친구를 기다리고 있었습니다. 얼마 후 아버지의 친구가 자전거를 타고 왔는데, 그가 자전거에서 내리자마자 자전거 앞에 달린 전구의 불이 꺼지는 것을 본 캄쾀바가 신기한 듯 물었습니다.

"아저씨, 자전거의 불이 꺼졌어요. 왜 그런 거죠?"

"자전거가 멈추면 발전기도 멈추니까 그렇단다."

아저씨가 캄쾀바의 머리를 쓰다듬으며 친절하게 대답해 주셨지만 캄쾀바의 호기심은 여기서 그치지 않았습니다.

"발전기가 뭐예요?"

"자전거 바퀴가 회전하는 것을 이용해 전기를 만들어 주는 기계란다. 요 앞에 붙은 것이 바로 발전기야."

아저씨는 발전기가 있는 쪽을 가리켰습니다. 캄쾀바는 자전거 발전기를 한동안 잊을 수 없었습니다.

한편 초등학교 도서관에서 풍차를 처음 접했던 캄쾀바는 풍차에 대해 알고 싶어 더 많은 책을 찾아 읽기 시작했습니다. 캄쾀바가 풍차의 모습을 처음 목격했던 『에너지의 이용』이라는 책은 당시 미국에서 교과서로 쓰이고 있었습니다. 한 글자도 놓치지 않고 이 책을 꼼꼼하게 보던 캄쾀바에게 별안간 많은 생각이 밀려왔습니다.

유럽과 중동 사람들은 풍차를 이용해 물을 길어 올리고 곡

식을 뺀다. 많은 풍차를 모아 풍력 기지를 만들면 발전소에서
처럼 전기를 생산할 수 있다.

책에는 분명히 이렇게 적혀 있었습니다. 말라위에서 전기를
쓸 수 있는 사람은 고작 2%밖에 안 됩니다. 그런데 이 풍차만
있으면 자신도 전기를 쓸 수 있다는 생각에 캄쾀바는 한껏 들
떴습니다. 그리고 책을 더 읽어 내려가자 자전거 발전기 대한
내용도 나왔습니다.

자전거를 타는 사람이 운동에너지를 만들어 이것을 전기로
바꿔 준다.

이제 캄쾀바의 머릿속이 빠르게 돌아가기 시작했습니다. 그
'풍차의 날개들은 바람개비처럼 바람으로 움직인다. 자전거
로 치면, 타는 사람이 바로 바람이야! 바람이 풍차의 날개를 돌
리고, 발전기의 자석을 회전시키면 전기를 만들어 내는 거야.
그렇다면 발전기에 전선을 연결하면 전구든 라디오든 무엇이
든 작동시킬 수 있을 거야.'

캄쾀바는 이런 생각을 하는 것만으로 신이 났습니다. 그리
고 예전에 보았던 아버지 친구의 자전거 발전기와 풍차의 원리
가 비슷하다는 것을 깨달으면서 더욱 '큰' 생각을 하게 되었습
니다. 풍차만 있으면 가난한 마을 사람들이 모두 빛을 가질 수
있을 것이고, 석유 램프 때문에 눈이 따갑거나 숨쉬기 힘들 일

풍차로 바꾸는
아프리카의 미래

도 없어질 것이라고 생각한 것이지요. 석유조차 없어서 저녁 일곱 시만 되면 잠자리에 드는 동네 사람들이 밤에도 책을 읽거나 일을 더 할 수 있을 것이라는 생각도 했습니다.

그런데 캄쾀바는 머릿속으로 더 많은 것을 상상하고 있었습니다. 캄쾀바가 더욱 꿈에 부풀었던 것은 풍차가 농작물에 물을 대는 펌프를 돌려 줄 수 있을 것이라는 기대 때문이었습니다. 캄쾀바는 만약 물 펌프만 있다면 우물에 그것을 연결해 농사를 지을 수 있을 거라 생각했습니다. 그렇다면 우기와 건기로 나뉘는 날씨와 상관없이 1년에 추수를 두 번 할 수 있을 것 같았습니다. 풍차와 펌프만 있으면 1년 내내 텃밭에서 토마토, 감자, 양배추, 겨자, 콩 등을 재배해 먹거나 내다팔 수도 있을 듯했습니다. 그러면 밥을 굶을 일도 없어지고 학교를 그만두는 일도 없을 것이라고 생각했습니다. 캄쾀바는 풍차만 있으면 세상을 바꿀 수 있다는 확신이 생겼습니다. 아니, 반드시 풍차를 만들어야겠다는 의지가 생겼습니다. 풍차를 직접 만들기로 결심한 캄쾀바는 다시 책을 뒤지기 시작했습니다. 풍차를 만들기 위한 책 읽기가 매일매일 계속되었습니다.

쓰레기장에서 만들어진 풍차

캄쾀바는 책을 읽지 않을 때면 동네 쓰레기장을 뒤졌습니다. 쓰레기 더미 속에서 풍차를 만드는 데 필요한 부품들을 찾아내기 위해서였습니다. 운이 좋으면 요긴하게 쓰일 고철이나 기계 부품을 얻을 수 있었습니다. 그런데 풍차 부품으로 쓰일 재료들을 한 아름 들고 쓰레기장에서 나오는 걸 동네 아이들한 테 들키기라도 하면 비웃음을 감수해야만 했습니다.

"야, 저기 봐. 캄쾀바가 또 쓰레기를 뒤진다. 너는 쓰레기장 이 그렇게 좋으니?"

캄쾀바는 처음에는 풍차와 자신의 계획에 대해서 설명해 보 기도 했지만 비웃음이 더 커지는 것을 겪은 후로는 아예 못 들 은 척하기로 마음먹었습니다. 그런데도 어떤 아이는 캄쾀바를 '미친 아이'라고까지 했습니다. 또 아이들이 집에 가서 부모에 게 그렇게 얘기하는 통에, 시장에서 그 얘기를 전해 들은 엄마 가 잡동사니를 끌고 집으로 들어오는 캄쾀바를 보고 고개를 저 으며 한탄하기도 했습니다. 캄쾀바는 그럴 때면 최대한 의연하 게 응대하려고 애썼습니다.

"나는 거기서 노는 게 재밌어. 그냥 노는 거야."

그렇지만 단 한 사람, 캄쾀바의 아버지만큼은 캄쾀바를 보 이지 않게 응원해 주고 계셨습니다. 아버지는 캄쾀바를 대신해 이렇게 어머니를 설득하곤 했습니다.

"여보, 내버려 둬요. 무슨 일을 하는지 좀 봅시다."

그렇게 캄쾀바가 도서관과 쓰레기장을 오가며 온갖 물건들 을 주워 나르는 동안 여러 날이 흘렀습니다. 고장 난 자전거 바 퀴와 체인, 빨랫줄로 쓰던 전선, 트랙터에서 떼어 낸 녹슨 환풍 기, 녹슨 기계에서 빼낸 베어링과 볼트, 자전거 전조등에 불이

미래를 바꾸는 창의적인 생각들이 가득한 곳

풍차로 바꾸는
아프리카의 미래

들어오게 하던 조그만 발전기 등 쓰레기 더미에서 찾아낸 부품들을 연결하고 땜질하던 캄캄바는 마침내 풍차를 만들었습니다.

며칠 동안 온갖 부품들과 씨름하며 공을 들인 풍차가 드디어 완성된 뒤 어느 어스름한 저녁 무렵, 캄캄바는 풍차를 앞마당에 세우는 작업을 하고 있었습니다. 그런데 어디서 소문을 들었는지 동네 사람들이 하나둘 모여들기 시작했습니다. 웬만한 나무만큼이나 키 큰 구조물이 세워지는 것을 보는 것만으로도 동네 사람들은 신기해했습니다. 더욱이 동네 사람들이 미쳤다고 놀리기까지 했던 바로 그 아이가 만들었다는 물건이기에 더욱 궁금하고 관심거리가 되었을 것입니다. 모여든 사람들 속에서 한 노인이 옆 사람에게 물었습니다.

"이게 뭐지?"

"풍차라는 건데 이게 바람을 이용해 전기를 만든대요."

"전기를 만든다고? 허튼소리 말게. 이건 그냥 거대한 장난감처럼 보이는걸."

그곳에 모인 사람 그 누구도 캄캄바가 만든 풍차에서 전기가 나오리라는 것을 상상하지 못했습니다. 구경꾼들은 점점 많아졌습니다.

"우리 집 애들이 말하던 아이가 바로 저 아이로구먼. 애 엄마가 참 안됐어."

캄캄바는 그런 소리 따위는 안중에도 없었습니다. 저 멀리 부모님과 동생이 눈에 들어왔습니다. 눈을 크게 뜨고 입을 약간 벌린 채 초조한 듯한 표정으로 풍차를 지켜보고 있었습니다. 캄쾀바는 자신을 지켜보는 사람들의 눈을 보며 꼭 성공하리라 마음먹고 마지막 볼트에 힘을 주어 꽉 조였습니다. 풍차의 날개가 삐그덕 소리를 내며 서서히 돌아가기 시작하자, 웅성대던 사람들이 이내 숨을 죽이고 잠잠해졌습니다.

'제발 돌아라, 돌아라!'

캄쾀바는 마음을 졸이며 빌고 또 빌었습니다. 다행히 날개들이 속도를 붙이기 시작했습니다. 때마침 바람이 더 불어 주어 날개에 가속도가 붙었습니다. 날개들이 미친 듯 돌기 시작하자, 풍차 하단부에 붙어 있던 전구가 깜빡거리더니 반짝하고 밝은 빛이 들어왔습니다. 깜빡거리던 전구가 이내 환하게 켜지며 계속해서 빛을 내보냈습니다. 캄쾀바는 가슴을 쓸어내리며 안도의 한숨을 내쉬었습니다.

"와! 진짜로 불이 들어왔어!"

"미친 아이가 아니었어."

"저 아이의 말이 거짓말이 아니었네!"

사람들도 놀라고 신기해했습니다. 사람들이 박수를 치기 시작했습니다. 캄쾀바도 뒤늦게 손을 흔들며 뛸 듯이 기뻐했습니다. 아버지가 소리쳤습니다.

"네가 해냈구나! 윌리엄 캄쾀바, 아빠는 네가 자랑스럽다."

"난 해냈어요. 그리고 이제 더 큰 걸 할 거예요. 지켜보세요!"

캄쾀바는 설레고 들뜬 마음에 밤늦도록 잠들지 못했습니다.

미래를 바꿀 반짝하는 생각들이 세상에 있다

풍차로 바꾸는
아프리카의 미래

쓰레기 더미에서 풍차의 기적을 빚어낸
한 소년의 열정과 노력은
가난하다 해서 혁신과 아이디어까지 부족한 것은 아니라는
'당연한 사실'을 확인시켜 주었다.

아직 끝나지 않았다

이 풍차를 보기 위해 매일 구경꾼들이 캄쾀바의 집 앞에 모여들었습니다. 바람이 불지 않는 날에는 풍차가 돌지 않았습니다. 사람들은 풍차가 도는 모습을 보지 못해 실망했습니다. 물론 전구도 켤 수 없었지요. 그러나 캄쾀바는 얼마 되지 않아 도서관에서 또 책을 뒤져 가며 배터리를 이용하는 법을 배웠습니다. 덕분에 배터리에 전기를 모아 두었다가 바람이 불지 않는 날에도 전기를 이용하게 되었지요. 캄쾀바의 풍차에는 진보된 기술이 하나둘씩 더해져 갔습니다.

오랫동안 바라던 꿈이 마침내 이루어짐을 캄쾀바는 느꼈습니다. 기근에서 벗어나기 위해 만들었던 조그만 풍차 하나가 가족의 삶을 속속들이 바꿔 놓기 시작했습니다. 캄쾀바의 아버지는 캄쾀바를, 거대한 방주를 만든 노아에 비유했습니다.

"사람들이 모두 노아를 비웃었지만 결과를 봐. 그 사람이 가족을 구했잖아."

엄마도 감격에 겨워했습니다.

"네 덕분에 세상 사람들이 우리의 존재를 알게 되었어."

캄쾀바가 만든 풍차 이야기는 입소문을 타고 전국 방방곡곡에 퍼져 나갔습니다. 방송사, 신문사, 각종 교육기관에서 캄쾀바가 만든 풍차를 구경하기 위해 몰려들었습니다. 그것도 모자라 세계 유수의 언론사에서 멀리 말라위까지 날아와 캄쾀바를 인터뷰했습니다. 세계 곳곳으로 그의 소식이 전해졌습니다.

미래를 바꿀 불가능한 생각들이 세상을 바꾼다

풍차로 바꾸는 아프리카의 미래

"캄쾀바는 아무리 가난한 나라라도 혁신과 아이디어까지 부족한 건 아니라는 것을 보여 줬다."(영국 가디언지)

"작은 시작이 큰 변화를 이루어 낼 수 있음을 보여 주는 감동적인 이야기다."(뉴욕 포스트)

"쓰레기로 풍차를 만들어 마을을 변화시킨 대단한 일."(영국 BBC)

"윌리엄 캄쾀바의 성취는 인류가 당면한 위기에 대응할 수 있는 중요한 아이디어를 제공한다."(앨 고어, 전 미국 부통령)

캄쾀바는 인터뷰에 응하는 것만으로도 분주한 일상을 보내게 되었습니다. 캄쾀바의 인생에 찾아온 변화는 그저 분주해진 것만으로 그치지 않았습니다. 그의 재능을 알아본 후원자가 나타난 것입니다. 2007년 테드(TED)의 강연장에서는 아프리카 말라위 출신의 19살 청년 윌리엄 캄쾀바가 무대에 올랐습니다. 테드는 전 세계의 다양한 분야에서 활약하고 있는 사람들이 자신이 어떤 것에서 영감을 얻는지를 들려주는 강연입니다. 테드는 공식적인 학회도 아니고, 학위와도 상관이 없습니다. 그러나 요리사, 학자, 음악가 등 창조적인 능력으로 세상을 변화시키고 있는 유명인들이 자발적으로 몰려들어 자신의 지식과 경험을 나누고 있기 때문에 '지식과 영감의 대명사'로 불리고, 인터넷에도 전용 사이트가 있을 만큼 전 세계적으로 권위 있는 강연입니다.

무대에 선 캄쾀바는 할 줄 아는 영어 단어 몇 개로 어눌하게 말을 이었지만, 그의 강연을 들은 관객은 감동했습니다. 그렇게 그는 혁신적인 기술자가 모이는 테드의 글로벌 연구원이 되기에 이르렀습니다. 그러나 캄쾀바는 멈출 생각이 없습니다. 이제 시작이니까요. 캄쾀바는 지금도 이렇게 말합니다.

> "나는 풍차를 더 연구하고 말라위의 푸른 들판에 나만의 풍차의 숲을 만들 것입니다. 그리고 내 것처럼 간단한 풍차를 만드는 법을 다른 사람들에게 알려 줘서 그들이 정부에 의존하지 않고 스스로 전기와 물을 공급받을 수 있게 할 것입니다. 무엇을 하든 난 내가 배운 한 가지를 기억할 것입니다. 뭔가를 이루고 싶으면 해 보아야 한다는 것을."
>
> ― 『바람을 길들인 풍차소년』(서해문집) 중에서

※ 캄쾀바가 만든 창의적인 풍차가 자신은 물론 조국 말라위의 운명까지 바꾸었습니다. 여러분도 우리 집, 우리 학교, 우리 동네, 우리나라, 더 나아가 이 지구를 위해 만들고 싶은 혹은 만들 수 있는 물건이 무엇인지 생각해 보고, 그것이 왜 필요한지 말해 봅시다.

인터넷으로 과연 어떤 일까지 할 수 있을까?

: 주어진 조건을 충분히 활용하라

　베르나르 베르베르의 『뇌』라는 소설을 보면, 불의의 교통사고를 당한 주인공이 식물인간이 되어 병실에서 누워 지내는 장면이 나옵니다. 주치의는 눈꺼풀만 겨우 깜박거릴 수 있는 것 이외에 모든 운동 기능을 상실한 그를 위해 눈꺼풀의 깜박거림만으로도 작동하는 마우스를 개발해 그에게 제공합니다. 그 덕분에 주인공은 몸은 병실에 누워 있지만, 인터넷을 통해 세상을 마음껏 활보할 수 있게 됩니다. 그리고 인터넷을 이용해 일반인이 할 수 있는 거의 모든 것을 병석에서 해내지요. 도서관에 들어가 원하는 책을 찾아 읽기도 하고, 심지어 자신을 치고 달아난 교통사고의 범인을 찾아내 복수를 하기도 합니다.

　이 장면은, 사람이 방 안에 가만히 앉아서 인터넷만으로 할 수 있는 일의 끝이 어디인지를 생각하게 합니다. '인터넷으로 할 수 없는 일이 과연 무엇일까?' 하는 질문을 떠올리게 하지요. 그런데 소설에도 나오지 않는 기가 막힌 방법으로 인터넷을 사용한 15세의 소년의 이야기가 있습니다.

인터넷으로 췌장암 정복의 아이디어를 모으다

미국 동부의 메릴랜드 주에 사는, 고등학교 2학년 학생인 잭 안드라카는 이날도 분주한 아침 시간을 보내고 있었습니다. 그때 전화벨이 울렸습니다. 출근 준비를 하던 잭의 아버지가 급히 달려가 전화를 받았습니다. 그런데 전화를 받는 잭의 아버지는 표정이 서서히 어두워지더니 끝내 눈물을 글썽이기 시작했습니다.

잭의 아버지는 친구가 죽었다는 비보를 접했던 것입니다. 아버지의 친구분이 돌아가셨다는 소식은 잭에게도 크나큰 충격이었습니다. 그분은 평상시 잭을 친조카처럼 다정하게 대해 주고, 집에도 자주 놀러오는 등 마치 삼촌처럼 친하게 지내오던 터라 잭의 슬픔은 더욱 컸습니다. 잭은 돌아가신 아버지의 친구를 늘 삼촌이라고 부르며 잘 따랐었습니다.

잭의 아버지가 비통하게 말을 이었습니다.

"췌장암 말기였다는구나. 몸이 그 지경이 되도록 왜 병원에 안 갔는지……."

미래를 바꿀 독창한 생각들이 세상을 바꾼다

인터넷으로 과연
어떤 일까지 할 수 있을까?

"췌장암이요?"

잭은 생소한 병명에 의아했지만, 말기가 되도록 삼촌이 어째서 몸에 이상이 있음을 느끼지 못했는지가 더 의아하고 안타까웠습니다. 잭은 세상을 떠난 삼촌 생각에 학교에서도 수업을 듣는 둥 마는 둥 하며 정신을 반쯤 내려놓고 있었습니다.

학교에서 집으로 돌아온 잭은 인터넷을 검색하기 시작했습니다. 잭이 검색창에 처음 쳐 넣은 단어는 '췌장'이었습니다.

"췌장은 위의 뒤쪽에 있는 이자를 말하는 것이구나. 음식물을 소화시키는 데 필요한 효소를 분비하고, 혈당을 조절하는 인슐린을 분비하기도 하는 것을 보니 매우 중요한 장기 중 하나인가 봐."

잭은 곧바로 구글로 췌장암을 검색했습니다. 그리고 다소 상기된 얼굴로 검색 결과를 되뇌었습니다.

"췌장암의 조기 발견율이 15%밖에 안 되네. 85%가량의 환자들은 말기가 되어서야 자신이 췌장암에 걸렸음을 알게 되고, 말기에는 치료가 거의 불가능해 생존 확률이 고작 2%. 결국 대부분의 환자는 췌장암을 조기에 발견하지 못해 사망하는구나."

검색 결과를 혼자 중얼거리던 잭은 췌장암을 조기에 발견할 수만 있었더라면 삼촌이 제대로된 치료와 수술을 받았을 거라고 생각하니 더욱 안타까웠습니다.

그날 이후 학교에서 돌아오면 틈날 때마다 췌장암 관련 검색을 하는 것이 잭의 일상이 되었습니다. 췌장암 진단 방법에 대해 검색한 뒤부터는 췌장암을 진단하는 방법이 아주 없는 것은 아니라는 생각에 잭은 작은 희망이 느껴졌습니다. 그런데 인터넷 검색을 통해 알아본 암 진단기는 800달러가 넘는 고가의 기구였고, 조기 발견율을 기껏해야 30%로 끌어올릴 수 있을 뿐이었습니다. 30%의 발견율은 췌장암 환자들을 살려 내기에는 아직 턱없이 모자라는 수치였습니다. 왜 많은 사람들이 췌장암으로 사망하는지 알 수 있을 것 같았습니다.

'좀 더 저렴하고 정확한 암 진단기를 만들 순 없을까?'

잭은 암 진단기를 만들어 보겠다는 다부진 생각을 했습니다. 그가 처음 생각한 것은 바로 혈액 검사였습니다.

'우리가 아파서 병원에 가면 혈액 검사를 기본으로 한다. 췌장암도 이 혈액 검사를 통해 알 수 있으면 얼마나 좋을까?'

잭은 다시 구글과 위키피디아를 검색하기 시작했습니다. 잭의 작은 호기심에서 위대한 발견이 시작되고 있었습니다.

'암이 발병하면 혈액 속에 무슨 변화가 생기지 않을까?'

그는 인터넷 검색만을 통해 췌장암 등 특정암이 발병될 때 '메소텔린'이라는 단백질이 혈액 속에 급격히 발현된다는 사실을 알아냅니다. 이를 통해 잭은 실마리 하나를 찾아냈습니다.

'혈액 속에서 메소텔린이 발현된 것을 눈으로 확인할 수만 있다면 조기 진단이 가능해질 거야.'

그러나 평범한 15세 고등학생의 능력으로 이를 한꺼번에 해결하기는 역부족이었습니다. 잭은 고민에 빠졌습니다. 혈액 속의 메소텔린을 어떻게 검사할 수 있을지, 그것이 문제였습니다. 과학 교과에 관심과 재능이 많았던 잭은 생물 시간에 '항

미래를 바꿀 조기화 십대들이 쏟아지고 있다

인터넷으로 과연
어떤 일까지 할 수 있을까?

원-항체' 반응을 배운 후, 이를 놓치지 않고 메소텔린의 항체를 활용하면 암 진단이 가능할 수도 있겠다는 생각을 했습니다. 메소텔린이 많으면 많을수록 항체는 점점 더 커지므로 이를 이용해 암을 진단하겠다는 것입니다. 그러나 항체를 활용해 암을 진단하는 세부적인 방법에 대해서는 더 이상 생각이 진척되지 않아 그의 연구는 제자리를 맴돌고 있었습니다.

다시 암 진단과 치료에 관해 인터넷 검색을 하던 잭은 한창 각광받던 나노 기술을 이용해 암을 치료했다는 기사를 접하게 되었습니다. 그는 인터넷을 통해 관련 논문을 구해 읽기 시작했습니다. 논문을 전부 이해할 수는 없었지만, 그 논문에서 실험에 쓰인 '탄소나노튜브'의 쓰임새를 이해하는 데 결정적인 도움을 받았습니다. 특히 탄소나노튜브가 매우 우수한 전기 전도체로 쓰일 수 있다는 사실을 간파한 잭 안드리카는 이 탄소나노튜브를 학교에서 배운 항체와 결합하면 어떨까 하는 생각까지 하게 되었습니다.

200명 중에 단 1명

잭 안드라카는 자신의 이런 아이디어를 구현할 전문적인 연구실이 필요함을 절감했습니다. 잭은 또다시 인터넷을 뒤지기 시작했습니다. 대학에서 췌장암과 관련된 연구를 하는 교수 200명을 찾아서 리스트를 작성했습니다. 그리고 자신의 아이디어를 요약하고 연구 수행에 도움을 요청하는 이메일을 리스트에 있는 교수 모두에게 발송했습니다. 그러나 안타깝게도 고등학교 2학년짜리 애송이가 보낸 아이디어를 대학 교수들이 진지하게 받아 줄 리 만무했습니다. 이메일 가운데 절반은 거부의 메시지로 반송됐고, 나머지 절반은 응답조차 오지 않았습니다. 잭이 모든 것을 포기하려고 할 만큼 지쳤을 때, 기적적으로 한 통의 답장이 도착했습니다. 바로 존스홉킨스대학교의 아니르반 마이트라 교수가 보낸 답장이었습니다.

"내 연구실을 써 보도록 하렴. 에디슨이 전구를 발명한 것처럼 너도 새로운 것을 만들 수 있을 거야. 열심히 해 보렴."

그는 연구실을 잭에게 7개월 동안 개방하고, 잭의 연구를 옆에서 지켜보았습니다. 잭은 자신의 아이디어를 차분하게 하나씩 구현해 나갔습니다. 잭은 메소텔린에 특정하게 반응하는 항체와 탄소나노튜브를 혼합해 일반 여과지에 코팅시켰습니다. 그리고 메소텔린이 항체에 반응할 때 일어나는 전기 전도도의 변화를 감지해 췌장암 여부를 판별할 수 있게 했습니다. 그가 만든 췌장암 진단 방법의 정확도는 놀랍게도 거의 100%에 가까웠습니다. 이것이 끝이 아닙니다. 잭의 검사지는 고작 3센트(우리 돈으로 약 33원)에 불과했고, 대형 마트에서 구입할 수 있는 50달러짜리 전기계측기만 있으면 얼마든지 검사를 할 수 있는 '초저렴, 초간단' 키트였습니다. 기존의 검사 방법에 비해 가격은 2만 6,000배나 저렴하고, 검사하는 데 소요되는 시간도 5분으로, 기존 검사에 비해 무려 168배나 빨랐습니다.

인터넷으로 과연
어떤 일까지 할 수 있을까?

무엇보다도 괄목할 만한 성과는 고작 15%에 불과했던 췌장암 조기 발견율이 100%에 가깝게 향상되었으며, 초기에 발견만 하면 불치의 췌장암을 완치할 수 있는 길이 열렸다는 사실입니다. 그야말로 기적에 가까운 발명이었습니다. 일반인의 접근을 허락지 않던 의료계의 벽이 15세 소년에 의해 와르르 무너지는 순간이기도 했지요.

잭이 개발한 방법 이전의 검사 방법은 60년 전에 제작된 것입니다. 그런데 그 60년의 시간 동안 단 한 사람도 해결책이나 개선책을 내놓지 못했습니다. 그 60년 동안 수많은 췌장암 환자들이 속절없이 세상과 이별해야만 했습니다. 알려져 있는 것처럼 아이폰과 혁신의 아이콘 스티브 잡스도 췌장암으로 사망했습니다. 그동안 췌장암은 치명적인 암흑의 병으로 악명을 떨쳐 왔습니다. 그러나 1997년에 태어난 풋내기 고등학생의 아이디어 하나가 암 진단 방법에 혁신을 일으킨 것입니다.

인터넷의 창의적 활용

정작 놀라운 것은 잭 안드라카가 이룬 이 창조적 혁신이 처음부터 끝까지 '인터넷' 하나를 이용해 이루어졌다는 것입니다. 잭 안드라카는 인터넷이라는 세상에서 자기가 원하는 모든 것을 구했습니다. 인터넷에 접근할 수만 있다면 누구나 무궁무진한 정보를 이용할 수 있습니다. 그러나 어떤 이들은 그 정보의 바다를 그저 무심히 헤매며 흘려보내지요. 반면 잭은 인터넷의 정보를 창의적으로 이용했고 결국 세상을 바꿨습니다.

누군가에게는 그저 심심풀이 웹서핑의 대상에 불과한 인터넷, 또 누군가에게는 일상생활에 실용적인 도구로 활용되는 인터넷, 천의 얼굴을 가진 인터넷이 여러분에게 묻습니다.

"당신은 인터넷으로 무엇을 할 수 있나요?"

잭 안드라카는 이렇게 말합니다.

"인터넷에서 불가능한 것은 없어요."

※ 인터넷을 창의적으로 이용할 수 있는 방법을 생각해 봅시다.

(1) 나는 인터넷으로 (　　　　　　　) 까지도 할 수 있습니다.

(2) 가까운 미래에 사람들이 인터넷으로 (　　　　　　　)도 할 수 있는 시대가 올 것입니다.

한반도를 뒤집으면 일어나는 일들

: 관점을 바꾸어 다른 가능성을 보아라

1997년에 개봉한 〈인생은 아름다워〉는 로베르토 베니니가 감독과 주연 배우를 겸한 이탈리아 영화입니다. 영화의 배경은 이탈리아에서 극악한 파시즘이 기세를 떨치던 1930년대 후반입니다. 정권을 잡은 집단이 폭력으로 국가를 장악하고 국민들을 통제하던 시기였지요. 이 영화의 주인공 귀도는 운명의 여인 도라를 만나 결혼하고 아들 조슈아를 얻습니다. 평화롭기 그지없던 이들 가족에게 어느 날 불행이 닥칩니다. 유태인 말살 정책에 따라 귀도와 조슈아가 강제로 수용소에 끌려가게 된 것입니다.

수많은 사람들이 겁에 질렸습니다. 그도 그럴 것이 그곳은 한번 끌려가면 살아 돌아올 수 없다는 죽음의 수용소였으니까요. 귀도 역시 수용소에 들어서는 순간 숨이 턱 막혀 왔습니다. 귀도는 함께 끌려온 아들 조슈아를 바라봤습니다. 자신이 겁을 먹으면 세상 물정 모르는 어린 아들은 그보다 더한 두려움에 고통받을 것을 아는 귀도는, 어린 아들을 위해 수용소에서 무엇을 할 수 있을지를 순간적으로 고민했을 것입니다. 그때 험악한 분위기를 느낀 아들 조슈아가 귀도에게 물었습니다.

"아빠, 우리 이제 어떻게 되는 거예요?"

귀도는 한 치의 망설임도 없이 온화한 미소를 지으며 이렇게 말했습니다.

"이제 재미있는 게임을 시작할 거야."

"게임요? 어떤 게임인데요?"

"먼저, 줄 서는 게임이야. 남자는 이쪽에, 여자는 저쪽에 서는 거야. 줄을 다 섰으면 사람들을 따라 방으로 들어가면 돼."

그때 나치가 사람들에게 총구를 들이대며 강제로 줄을 세우기 시작했습니다. 조슈아가 당황하려는 찰나, 귀도가 어린 아들에게 한 번 더 소리쳤습니다.

"줄을 잘 서는 사람이 이기는 게임이야!"

다행히도 조슈아는 아빠의 말을 곧이곧대로 듣고 수용소에서의 첫 일정을 해맑게 시작했습니다. 수용소 생활은 고초의 연속이었습니다. 사람이 죽어 나가는 가운데 매일 힘든 작업이 이어졌습니다.

"자, 오늘도 힘든 작업을 할 건데, 그 일을 잘해야 이기는 게임이야. 잘할 수 있지?"

미래를 바꿀 조각난 생각들이 세트로 묶였

귀도는 식사 때 나온 과자 부스러기를 상으로 주며 어린 아들이 '게임'에 몰두하도록 도왔습니다. 어느 날 귀도가 목숨을 걸고 어린 아들과 탈출을 시도하는 장면이 있습니다. 군인들에게 쫓기다 더 이상 아들과 함께 움직일 수 없게 된 귀도는 절박한 상황에서 아들을 좁은 창고 구석에 가두면서 말합니다.

"누가 오랫동안 숨어 있나 내기하는 게임이야. 밖이 조용해질 때까지 절대 나오면 안 돼. 이 게임을 잘하면 탱크를 선물로 받을 수 있어."

이 말을 마친 귀도는 얼마 가지 않아 총을 맞고 숨을 거두고 맙니다. 그러나 아빠의 말을 끝까지 잘 들은 조슈아는 용케 살아남아서 수용소로 진격해 오는 연합군의 행렬을 맞이합니다. 굉음과 함께 화면 가득 탱크 한 대가 조슈아를 향해 느린 화면으로 돌진해 옵니다. 조슈아는 입이 찢어져라 함박웃음을 지으며 탱크를 맞이합니다. 연합군의 탱크에 오른 조슈아가 손을 흔들며 행복해하는 장면으로 영화는 끝이 납니다.

이 영화에서 귀도는 어린 아들을 위해 말도 안 되는 거짓말을 했습니다. 사실 그는 아무도 생각지 못한, '기발한 거짓말'을 한 것입니다. 귀도는 언제 죽을지 모르는 긴박한 상황을 '게임'으로 바라보도록 아들을 끊임없이 다독였습니다. 궁극적으로 그것은 어린 아들을 보호하는 창의적인 문제 해결 방법이 되었습니다. 아비규환의 수용소에 갇힌 수많은 사람이 겁에 질려 삶의 희망을 포기하고 있을 때, 그는 관점을 달리함으로써 어린 아들에게 극한의 상황을 극복할 수 있는 동기를 부여했습니다.

귀도는 문제를 바라보는 관점을 극적으로 바꿈으로써 어린 아들이 살벌한 나치의 수용소에서 두려움 없이 살아가도록 희망을 불어넣어 줄 수 있었습니다. 문제 상황에 처했을 때 다른 사람이 미처 보지 못한 색다른 관점에서 그 문제를 바라보는 것은, 한 사람의 운명마저도 좌지우지할 만큼 큰 위력을 발휘하기도 합니다.

자유의 여신상을 사라지게 하라

이번에는 마술에 대한 관점을 획기적으로 바꾼 어느 마술사에 관해 이야기해 보겠습니다. 어느 주말 저녁 자유의 여신상 앞에서 환상적인 마술 쇼가 벌어집니다. 몇 달 전부터 자유의 여신상을 사라지게 하겠다고 호언장담하던 한 마술사가 무대 위로 등장하자 객석에 있던 수많은 관중이 환호성을 질렀습니다. 마술사가 실제로 자유의 여신상을 사라지게 할 것이라고 믿는 사람은 없었습니다. 다만, 사람들은 마술사가 어떤 '쇼'를 보여 줄지에 대해 더 흥미를 느끼는 것 같았습니다. 관중의 그런 바람대로 화려한 조명과 신 나는 음악이 무대 위의 흥을 돋우고 있었습니다. 마술사의 인사가 이어졌습니다.

"신사 숙녀 여러분, 오늘 밤 저는 저기 보이는 자유의 여신상을 여러분이 보는 앞에서 사라지게 할 것입니다. 역사상 누구도 하지 못한 일을 오늘 제가 여기서 보여 드리겠습니다."

미래를 바꿀 보기한 생각들이 싹트고 있다

한반도를 뒤집으면
일어나는 일들

마술사가 가리키는 곳에는 고고한 역사를 자랑하는 자유의 여신상이 그 위용을 뽐내고 있었습니다. 고개를 들어 자유의 여신상을 바라보는 대부분의 관중들은 저 거대한 작품을 사라지게 하는 것은 아무리 감쪽같은 마술이라도 불가능할 것이라고 여겼습니다. 잠시 후 자유의 여신상 양쪽에 미리 설치되어 있던 철 기둥 사이로 하얀 막이 쳐지기 시작했습니다. 하얀 막이 자유의 여신상을 완전히 가렸습니다. 이때 마술사가 소리쳤습니다.

"자, 이제 자유의 여신상은 사라집니다! 제가 셋을 세면 하얀 막이 내려지고 하얀 막 뒤에 있는 자유의 여신상은 온데간데없이 사라집니다. 그리고 그 자리에는 텅 빈 공간만이 여러분의 눈앞에 나타날 것입니다!"

이 말이 끝나자 잠시 환한 조명이 비추고, 헬리콥터가 분주히 자유의 여신상 주변을 도는가 싶더니 이윽고 마술사가 숫자를 세기 시작했습니다.

"하나, 둘, 셋!"

카운트가 끝나자마자 자유의 여신상을 가리고 있던 하얀 막이 스르르 땅 밑으로 주저앉았습니다. 그러곤 믿을 수 없는 광경이 벌어졌습니다. 놀랍게도 자유의 여신상이 순식간에 사라진 것입니다. 관

229

중들은 믿을 수 없다는 표정으로 경악에 가까운 비명을 질렀습니다. 잠시 후 하얀 막이 다시 철 기둥 사이로 올라가고, 마술사가 한 번 더 셋을 세었을 때 하얀 막 뒤로 자유의 여신상이 나타났습니다. 관중들이 모두 기립해 환호성과 함께 우레와 같은 박수를 치기 시작했습니다. 이 모든 '쇼'를 연출했던 마술사가 마이크를 잡고 관중에게 답례했습니다.

"신사 숙녀 여러분, 대단히 감사합니다. 이상 마술 쇼를 마칩니다. 저는 마술사 데이비드 카퍼필드였습니다."

물리적으로 100% 불가능한 이 일은 어떻게 가능할 수 있었을까요? 답은 바로 마술에 대한 관점을 새로 정립한 그의 창의적인 아이디어에 있습니다. 그의 마술을 단 한 번만이라도 본 사람들은 세계적인 마술사 데이비드 카퍼필드의 마술은 차원이 다르다고 이야기하곤 합니다. 무엇이 그의 마술을 차원이 다르다고까지 말하게끔 할까요?

기존의 마술사들은 무대 위에서 얼마나 감쪽같은 기술로 놀랍고 신기한 마술을 보여 주느냐에 집중했습니다. 그래서 무대 위에서 펼칠 흥미로운 마술 아이템을 개발하고, 거기에 극적 효과를 가미하고, 다양한 첨단 특수 효과를 덧붙여 가면서 마술 쇼는 더욱더 화려해졌지만 마술사들의 아이디어는 고갈되어 갔습니다. 그는 기존의 마술이 테크닉 면에서는 한계에 이르렀다고 느꼈습니다. 카퍼필드는 이 시점에서 마술에 대한 관점을 바꾸었습니다. 마술은 관중이 지켜보는 무대 위에서 벌어집니다. 무대 위의 다양한 연출과 변화무쌍한 효과를 통해 무대에 시선이 집중되는 마술 쇼가 이루어져 왔습니다. 그런데 카퍼필드는 무대를 그대로 두고, 관객을 바꾸어 보기로 한 것입니다. 무대를 꾸미는 데 한계가 왔다면 이제껏 한 번도 건드리지 않은 관객의 자리를 바꿔 보겠다는 생각이었습니다.

당연한 일이지만 자유의 여신상과 같이 거대한 물건은 마술사가 무대 위에서 다루기 어렵습니다. 그렇기 때문에 그것을 사라지게 하거나 감추는 것도 쉽지 않습니다. 그런데 카퍼필드는 자유의 여신상을 사라지게 하거나 감추지 않고 관객들의 시야를 바꾸었습니다. 이것이 바로 이 마술의 비밀입니다. 마술을 공연할 때 관객들은 모두 객석에 앉아 있었습니다. 하얀 막이 올라가고, 자유의 여신상 주변을 헬리콥터가 어지럽게 돌고, 조명이 현란하게 비칩니다. 사실 이 사이에 객석은 관객도 모르게 회전합니다. 그래서 자유의 여신상을 볼 수 없는 곳으로 관객의 시야도 돌아간 것입니다. 헬리콥터와 조명도 객석의 회전과 함께 조금씩 이동했습니다. 관객은 자신들이 회전하고 있다는 것을 상상도 하지 못했습니다.

카퍼필드는 무대 지향의 마술 테크닉에서 관객 지향의 테크닉으로 관점을 바꾸어 누구도 생각지 못한 기적과 같은 마술을 완성했습니다. 그 이후로도 그는 만리장성을 통과하거나 나이아가라 폭포를 관통하고 거대한 열차를 사라지게 하는 등의 독특한 마술 세계를 선보이고 있습니다. 그는 마술을 위해 무대뿐만 아니라 세상 모든 것을 이용하는 듯합니다.

일본 애니메이션의 거장 미야자키 하야오가 세상을 바라보는 관점에 대해 이렇게 말한 적이 있습니다.

> "항상 똑같은 시선으로 세상을 보면 세상은 변하지 않는다. 칭칭 얽매여 있는 것으로, 흔들리지 않는 것으로, 자신의 힘으로는 어찌할 수 없는 것으로 보일 뿐이다. 그렇지만 관점을 바꾸면 세계는 좀 더 유연한 것이 되고, 받아들이는 사람에 따라서 갖가지 모습을 보여 준다."

남들과 똑같은 시선을 고집하지 않고 관점을 과감히 바꾸면 세상을 변화시킬 수 있습니다. 관점은 사물을 바라보는 방식입니다. 이 관점을 바꾸면 생각이 바뀌고, 바뀐 생각은 우리가 전혀 예상치 못한 결과를 만들어 낼 수 있습니다.

관점을 바꾼다는 것은 무한한 가능성을 열어 둔다는 것

인터넷에서 우연히 접한 한 장의 위성사진. 언뜻 봐서는 영 낯설기만 한 오른쪽 사진은 지금 우리가 발 딛고 살고 있는 한반도의 모습입니다. 그런데 왜 낯설게 보였을까요? 바로 지도를 바라보는 관점이 달라져 있기 때문입니다. 우리가 익히 보아 오던 지도에서 한반도는 거대한 중국 대륙의 아래쪽 끝에 조그맣게 붙어 있습니다. 우리는 지도에서 북방위를 위쪽에 위치시키는 고정관념을 가지고 있습니다. 그런데 '위쪽'은 우리

한반도를 뒤집으면 일어나는 일들

에게 '상위, 상급, 지배층, 높은 곳' 등의 함축적 의미를 전달합니다. 이러한 지정학적 고정관념이 우리로 하여금 '위쪽'에 있는 중국을 대적하기 어려운 존재로 인식하게 한 것은 아닐까요?

그런데 위 사진 속에서 한반도는 마치 거대한 중국 대륙을 발밑으로 아우르는 듯 위풍당당한 형상입니다. 단지 바라보는 관점만 바꾸었을 뿐인데, 저 위쪽의 광활한 바다로 진출해야만 할 것 같은 사명감은 물론 모험심마저 품게 되지 않나요? 그러고 보니 제주도는 따뜻한 남쪽의 휴양지가 아니라, 드넓은 해양 개척의 전진 기지가 되었습니다. 지도를 뒤집어 보는 것만으로도 한반도를 보는 느낌은 180도 달라질 수 있습니다. 지구는 둥그니까 지도에서 위쪽, 아래쪽을 구분하는 것은 사실상

의미가 없습니다. 지도를 보는 관점에 따라 달리 보일 뿐, '절대 위치'가 정해져 있는 것은 아닌데도 불구하고 우리는 그동안 지도를 뒤집어 볼 생각을 하지 못했습니다. 이렇게 뒤집어 바라본 한반도, 이 한반도가 앞으로 어떤 결과를 가져오게 될지 기대됩니다. 관점을 바꾼다는 것은 무한한 가능성을 열어 둔다는 말에 다름 아니니까요.

※ 이 사진은 스프레이형 살충제를 홍보하는 광고로, 1층 로비 바닥에 그려진 광고 사진을 5층에서 바라본 장면입니다. 광고 사진이 그려진 로비에는 수많은 사람들이 오가고 있습니다. 이 광고의 창의성에 대해 위 글에서 말한 '관점 바꾸기'로 설명해 보세요.

창의적인 디자인으로
사람을 살리다

조간신문을 보고 있던 빅터 파파넥이 얼굴을 찡그리며 혀를 찼습니다. 그 모습을 옆에서 지켜보던 그의 아내가 물었습니다.

"왜 그래요? 무슨 일이 일어났어요?"

"인도네시아 발리 섬에서 화산 폭발이 일어났어요."

"그곳에서는 원래 화산 폭발이 자주 일어나잖아요. 새삼스럽게 뭘 그리 민감하게 반응해요?"

"자주 일어나는 게 바로 문제예요."

"아니, 그게 무슨 말이에요?"

"인도네시아 발리에서 그렇게 자주 화산이 폭발하는데 많은 원주민들이 매번 부상을 입고, 화산 폭발 때문에 목숨을 잃는다지 뭐예요. 어젯밤에도 화산이 폭발했는데 수십 명이 사망했대요."

"아…… . 정말 안됐네요."

"화산이 폭발하기 전에는 징후가 있기 때문에 미리 알기만
하면 얼마든지 피할 수 있는데, 왜 그리 피해가 클까요?"

파파넥은 1960년대 동남아에서 빈번하게 발생하는 화산
폭발로 인해 많은 사람들이 목숨을 잃어야만 하는 현실이 안타
까웠습니다. 그리고 얼마든지 막을 수 있는 피해였다는 생각에
아쉬움도 컸습니다.

깡통 라디오를 만들다

그런데 어느 날 파파넥에게 인도네시아 발리에 직접 찾아갈
기회가 생깁니다. 유네스코에서 개발도상국 지원 프로그램에
참여할 사람들을 모집하고 있었는데, 때마침 산업디자인을 전
공한 사람들이 필요하다는 소식을 전해 듣고는 한 치의 망설임
도 없이 지원한 것이지요. 그렇게 해서 인도네시아를 찾은 파
파넥은 원주민들이 왜 무방비로 화산 폭발의 피해를 입을 수밖
에 없었는지 깨닫게 되었습니다.

재난 경보를 들을 수 있는 간단한 장비조차 구매할 수 없을
만큼 가난했기 때문에 예고 없이 찾아오는 재난에 속절없이 당
할 수밖에 없었던 것입니다. 화산 폭발에 대한 경보를 듣고 바
로 대피만 했더라도 많은 사람들이 최소한 목숨은 구할 수 있

창의적인 디자인으로
사람을 살리다

었을 거라고 생각하니 파파넥은 가슴이 몹시 아팠습니다.

'라디오를 사서 원주민들에게 나눠 주면 어떨까?' 하는 생각도 했지만, 발리 원주민들 모두에게 보급하기에는 턱없이 예산이 모자랐습니다. 또 설령 구호금을 통해 라디오를 보급한다 하더라도 라디오가 고장 났을 경우 수리할 수 있는 전파상이 없으니 곧 무용지물이 될 것이었습니다. 문제는 또 있었습니다. 원주민 마을에는 전기가 들어오지 않아 라디오를 작동시킬 수 없을 뿐만 아니라, 원주민들에게는 건전지를 사서 쓸 수 있을 만큼의 경제적 여유도 없었기 때문입니다. 당장 끼니 걱정을 하는 그들에게 라디오 건전지를 구매한다는 것은 어불성설이었습니다.

파파넥은 이 문제를 해결하리라 굳게 마음먹고 현지에서 몇몇 원주민들과 함께 머리를 모았습니다. 그러던 중 파파넥이 생각해 낸 것은 바로 원주민들과 함께 라디오를 만들자는 것이었습니다. 혹시 고장이 날 때는 나중에라도 직접 라디오를 고치고 제작할 수 있게끔 하자는 아이디어였지요.

"우리가 라디오를 만든다고요? 그건 불가능해요."

옆에서 파파넥을 돕던 한 원주민이 그의 생각에 이의를 제기했습니다.

"아뇨, 그렇지 않아요. 걱정 마세요. 내가 아주 쉽게 디자인할 거예요."

"전기 문제는 어떻게 해결할 건가요?"

"그것도 걱정 마세요. 불을 붙여 태울 수 있는 것은 에너지를 만들어요. 태울 수 있는 것만 있으면 돼요."

이윽고 파파넥은 원주민들과 함께 이른바 '깡통 라디오'를 제작합니다. 관광객들이 버리고 간 깡통을 이용해 라디오 몸체를 만들었기 때문에 붙은 이름입니다. 라디오 부품 역시 발리 섬 여기저기에서 구할 수 있는 간단한 재료들이었습니다. 전기 배선, 안테나 등이 그대로 노출되어 겉모습은 조악하기 그지없 었습니다. 그러나 겉모습을 보기 좋게 포장할 경우 제작 비용 이 높아지기 때문에 그대로 두었습니다.

결국 그가 만든 라디오는 라디오가 가진 최소한의 기능만을 구현한 것이었습니다. 그래서 처음 보는 사람은 라디오라고 인 식하기도 어려울 만큼 괴이한 형태를 지녔습니다. 그런데 우리 는 그것을 왜 '괴이하다'고 느낄까요? 바로 우리가 가진 '디자 인에 대한 고정관념' 때문입니다. 좋은 디자인은 보기 좋고 아 름다워야 한다는 생각이 바로 그것이지요. 파파넥은 디자인에 대한 이러한 고정관념을 다음과 같은 말로 뛰어넘습니다.

"사물을 아름답게만 만드는 것은 죄악입니다. 사물을 쓸모 있게 만드는 것이 바로 디자인이지요."

이러한 철학은 깡통 라디오를 만드는 데 고스란히 담겼습 니다. 이 라디오를 제작하는 데 드는 비용은 불과 9센트(약 100 원)에 불과했습니다. 적은 비용과 더불어 이 라디오가 창의적인 것은 라디오를 작동시키는 에너지원으로 파라핀 왁스를 비롯 해 연소가 가능한 각종 오물이나 쓰레기를 사용했다는 점입니 다. 심지어 동물의 배설물도 쓰였지요.

미래를 바꿀 조라한 쓰레기들이 쓸모로 있다

238

창의적인 디자인으로
사람을 살리다

겉으로 보기에 미적
인 부분은 부족하지만,
파파넥의 따뜻한 마음
에서 탄생한 깡통 라디
오의 디자인은 어느 첨
단 디자인보다도 아름
다워 보입니다. 파파넥
의 헌신적인 아이디어

에서 탄생한 깡통 라디오는 이렇게 성공적으로 제작되어 수많
은 원주민의 목숨을 살릴 수 있었습니다.

이 깡통 라디오를 제작해 개발도상국 사람들에게 큰 도움을
준 공로로 파파넥은 유네스코로부터 특별상을 받게 됩니다. 하
지만 다른 디자이너들로부터 촌스럽고 형편없는 디자인을 했
다는 혹평을 피할 수 있었던 것은 아닙니다. 디자이너로서의
명예를 걸고 더 수준 높고 세련된 디자인을 보여 줬어야 했다
는 비판이었지요. 파파넥은 그 비판에 이렇게 답했습니다.

"서구 도시인의 눈으로 볼 때 아름다운 디자인이 동양의 시
골에도 강요하는 것이 당연할 만큼 절대적인 것은 아닙니다."

그 말을 증명이라도 하듯 발리의 원주민들은 이 라디오의
개발과 제작에 참여하면서 세상에 단 하나뿐인 자기만의 라디
오를 가지게 된 기쁨에 즐거워했습니다. 직접 만든 라디오에
솜씨를 발휘해 조개껍데기나 색종이 등을 붙여 자신들만의 디
자인을 더해 갔지요. 파파넥은 그렇게 손때가 묻은 물건을 보

며 도시에서 대량생산한 물건들처럼 쉽게 버려지지 않기에 더욱 소중하고 아름다운 것이라고 생각했습니다.

이타적 디자인, 인간을 위한 디자인

현재 활동하는 세계적인 디자이너들에게 '존경하는 디자이너가 누구냐'고 물으면 이구동성으로 '이타적 디자인'의 원조인 빅터 파파넥을 손꼽습니다. 빅터 파파넥이 키가 작은 그의 어머니를 위해 주방 용품을 디자인했다는 이야기 역시 이타적 디자인의 사례로 유명합니다.

파파넥의 어머니는 키가 무척 작아서 부엌에서 일할 때마다 싱크대 높이를 두고 불편을 호소했습니다. 당시 유명한 건축 회사에서 일하고 있던 파파넥은 그런 어머니를 지켜보다가 회사 사장에게 키 작은 사람을 위한 싱크대를 제작해 보자고 제안했습니다. 사장은 웃으면서 말했습니다.

"우리 회사는 키가 그 이상인 사람을 위한 물건을 만들기에도 시간이 없네."

파파넥은 낙담하지 않고 지도 교수를 찾아갔습니다. 교수는 키가 작은 주부가 미국에 몇 명쯤 있는지 조사해 보라고 조언해 주었습니다. 조사 결과 당시 미국의 성인 여성 가운데 50만 명이 넘는 여성의 키가 150cm 이하였다고 합니다. 싱크대는 키 작은 어린이와 장애인들도 사용하니 사실 키가 작은 사람은

창의적인 디자인으로
사람을 살리다

더 많았던 셈이지요. 결코 덜 중요한 사람들이 아님에도, 기업의 제품 생산 과정에서 그들의 욕구와 필요는 무시되는 현실이 파파넥은 서글프게 느껴졌습니다. 그러나 아직 학생에 불과했던 그가 그 현실을 바꿀 수는 없었습니다.

그런 파파넥에게 의외의 영감을 준 것은 낯선 동양의 전통이었습니다. 일본의 게다와 대만 원주민이 신는 나막신을 보고 싱크대를 낮추어 줄 수는 없지만, 신발을 높임으로써 문제를 해결할 수 있음을 깨달았던 것입니다. 그래서 아주 편하지는 않지만 키가 작은 사람을 위해 굽이 높은 주방용 신발을 디자인했는데 그것이 파파넥의 첫 작품이었습니다. 빅터 파파넥은 살아생전에 세계 각국을 다니며 가난한 사람들, 장애인과 어린이, 여성과 문맹 등 소외된 사람들을 위한 디자인을 했습니다.

빅터 파파넥의 이러한 노력은 자연과 사회적 약자를 보호하는 데도 디자인이 중요한 역할을 할 수 있다는 가르침을 전해 주었습니다. 그래서 파파넥의 생각에서 비롯된 이러한 디자인의 경향을 '이타적 디자인' 혹은 '참여 디자인' 그리고 '인간을 위한 디자인'이라고 부르기 시작했지요.

생명을 살리는 빨대, 라이프 스트로우

베스터가드 프란센이라는 회사에서 만든 구호 물품 '라이프 스트로우'도 파파넥을 이어 인간을 위한 디자인 철학을 담은 제품입니다. 세계적으로 수십억 명이 안전한 물을 마시지 못하고 있고, 매년 수백만 명이 오염된 물을 먹고 목숨을 잃는 현실을 외면할 수 없었던 이 회사의 CEO 미켈은 쓰기 간편하고 가격도 저렴한 휴대용 개인 정수기를 디자인했습니다.

미켈은 원래 소규모 섬유 회사였던 베스터가드 프란센을 긴급 구호 장비를 전문적으로 만드는 기술 혁신 회사로 탈바꿈시켰습니다. 그는 아프리카로 여행을 다녀온 적이 있었는데, 오염된 물을 마시고 온갖 질병으로 고통받는 아프리카인들의 모습은 그에게 커다란 충격이었습니다. 그가 오염된 물을 마시고 죽어 가는 아프리카 사람들을 위해 구호 장비를 만들기로 결심한 계기는 바로 그 기억 때문이었습니다.

'인간으로서 누릴 수 있는 최소한의 권리조차 보장받지 못하다니, 내가 저들을 위해 할 수 있는 일이 없을까……'

아프리카 사람들의 모습은 미켈에게 많은 영향을 주었습니다. 여행을 마치고 돌아온 미켈은 보건 구호 사업가로서의 삶을 살기로 결심합니다. 그렇게 탄생한 휴대용 정수기 라이프 스트로우는 말 그대로 생명을 살리는 빨대가 되어 세계적인 구호 단체들에게 공급되었습니다.

라이프 스트로우는 정수 기능에 최대한 충실하면서도 군더더기를 모두 뺀 디자인으로써 최대한 원가를 절약해 저렴하면서도 품질이 훌륭했습니다. 구호 단체들이 부담 없이 구입해 보급할 수 있게끔 한 것이지요. 이 회사는 현재 베트남 하노이에 정수 필터 연구소를 설립하고 전문 연구원들을 영입해 바

미래를 밝혀 주려는 생각들이 싹트고 있다

242

창의적인 디자인으로
사람을 살리다

이러스와 박테리아를 연구하는 데 매진하는 등, 여전히 사회에 공헌하는 아이디어 개발에 골몰하고 있습니다.

큐드럼은 세상에서 가장 아름다운 물통

앞에서 이미 말했듯이 아프리카에서 식수를 구하기란 하늘의 별 따기만큼이나 어렵고 힘든 일입니다. 한 양동이의 물을 긷기 위해 심지어 수십km를 걸어가야 하는 경우도 허다합니다. 게다가 물을 양손에 들거나 머리에 이고 돌아오는 길은 얼마나 힘들고 고되겠어요? 더구나 그런 고된 일이 아이들에게 맡겨진다면 그 고통이야 이루 말할 수 없을 것입니다. 그런 아이들이 그 고된 일을 즐겁고 재밌는 놀이처럼 할 수 있게 해 준 디자인이 있습니다. 피에트 헨드릭스라는 사람이 만든 '큐드럼'이 바로 그것입니다.

알파벳 'Q' 자를 닮았다고 해서 이렇게 이름 붙여진 물통은 원기둥 모양으로 되어 있어 물통을 손으로 들거나 머리에 이지 않고도 운반할 수 있도록 디자인되었습니다. 아이들은 이 물통을 장난감을 가지고 놀듯 줄로 묶어서 끌고 다닙니다. 줄을 잡고 달리면 먼 거리를 왕복하며 물을 긷는 고된 일도 즐거운 놀이가 될 것 같은 느낌의 디자인입니다.

헨드릭스가 이 기막힌 물통을 디자인해 큰돈을 벌었을 리 만무합니다. 핸드릭스는 자신이 디자인한 물통을 노약자나 어

창의적인 디자인으로
사람을 살리다

린아이들이 즐겁고 행복한 표정으로 굴리는 것을 보며 그들보다 훨씬 더 행복한 표정을 지었을 것입니다. 훌륭한 디자이너라면 좋은 디자인, 혁신적인 디자인을 만들어 부와 명예를 누릴 것이라는 일반인의 기대를 무색하게 만든 헨드릭스의 디자인에서는 감동마저 느껴집니다. 오로지 사람을 살리기 위한 목적으로 만들어진 따뜻한 디자인이기 때문입니다.

인간을 위한 디자인

빅터 파파넥은 1970년대에 '인간을 위한 디자인'을 통해 세계가 안고 있는 환경문제, 사회문제에 대해 디자이너도 책임감과 사명감을 느껴야 한다고 주장했습니다. 그뿐만 아니라 디자이너들은 각종 위기에 처한 세계를 살리기 위해 무엇을 디자인할 것인지 고민하고, 더 나은 세상을 만드는 일에 동참해야 한다고 역설했습니다.

"저렴하고, 단순하고, 인간의 일상생활과 연결되어 있어야 합니다. 이것은 모두를 위한 디자인의 기본 조건입니다. 그리고 무엇보다 사람에 대한 관심과 사랑이 있어야 합니다."

생소하고 낯설었던 이러한 생각이 처음 세상에 알려졌을 때 지나치게 순진하다거나 망상에 불과하다며 비난하던 사람들도 있었습니다. 그러나 다행히도 현재 파파넥의 생각은 지속 가능한 디자인의 밑거름으로 평가받고 있으며, 오늘날에도 수많은 후배 디자이너들이 그의 숭고한 뜻을 이어 가고 있습니다.

※ 아래 사진을 보고 다음 활동을 해 봅시다.

(1) 이 디자인으로 얻을 수 있는 효과에는 어떤 것이 있을지 생각해 봅시다.

(2) 이 제품의 디자인과 위 글에서 언급한 다양한 디자인을 비교할 때 어떤 공통점이 있는지 말해 봅시다.

난생처음 맛보는 요리, 도대체 어떻게 만들었을까?

: 안주하지 말고 또 도전하라

지금은 '맛'의 시대입니다. 텔레비전에서는 아침저녁으로 맛 집을 소개하는 프로그램이 방송되고 음식과 요리를 소재로 하는 영화나 드라마가 수시로 제작됩니다. 요리가 예능의 한 축을 떠안기도 하고 요리를 경연으로 하는 오디션 프로그램마저 등장했습니다.

끼니를 걱정하던 것이 불과 몇십 년 전의 일인데, 지금은 맛 집을 찾아다니며 식도락가를 자처하는 사람들이 너무나 많지요. 사람들은 좀 더 맛있고 색다른 음식을 찾습니다. 모르긴 몰라도 이들의 궁극적 관심은 아마도 이런 것이 아닐까요?

"첫째, 음식 맛이 가장 뛰어난 이 세상 최고의 음식점은 어디 있을까?"

"둘째, 이 세상에서 제일 맛있는 음식을 만드는 요리사는 누구일까?"

정답이 없을 것 같은 질문들이지만 이렇게 답할 수 있을 것 같습니다. 첫째, 세계 최고의 음식점 가운데 하나는 스페인 바르셀로나에 있는 '엘 불리'입니다. 엘 불리는 2012년 기준으로 프랑스에서 실시한 레스토랑 평가에서 무려 14년 동안 최고 등급을 유지했고, 영국의 유명한 음식 전문지가 2002년부터 해마다 선정한 '세계 최고 레스토랑'의 타이틀을 5회나 차지했습니다. 이 식당은 전 세계 수많은 셰프와 미식가들이 주저 없이 최고로 손꼽는 곳이기도 합니다. 그렇다 보니 엘 불리에서 식사를 한다는 것은 하늘의 별 따기와 같은 일이 된 지 오래입니다. 식당을 예약하는 데만도 경쟁이 치열한 기현상을 만들어 냈지요. 알려진 바에 의하면 예약 경쟁률이 1,000대 1을 넘어서 지금 예약을 한다면 테이블을 차지하고 식사를 하기까지 족히 몇 년은 기다려야 한다고 합니다.

자, 이번에는 두 번째 질문에 답해 보겠습니다. 두 번째 질문에 대한 대답은 '페란 아드리아'입니다. 세계 최고의 요리사 페란 아드리아가 어느 고급 레스토랑에서 일하는지 궁금하지 않나요? 바로 세계 최고의 레스토랑 엘 불리에서 수석 셰프로 일하고 있습니다. 사실 엘 불리의 명성은 곧 페란 아드리아의 명성입니다. 바꿔 말해 엘 불리가 왜 세계 최고의 레스토랑이냐고 묻는다면 페란 아드리아가 있기 때문이라고 답할 수 있습니다.

페란 아드리아는 요리에 혁신을 가져온 사람입니다. 재료를

난생처음 맛보는 요리, 도대체 어떻게 만들었을까?

가지고 전혀 다른 시각에서 요리를 합니다. 사람들은 그를 '미각의 혁명가'라고 부릅니다. 혹자는 '요리계의 스티브 잡스'라고도 하지요. 그가 어떤 요리로 세계 최고의 혁명적 셰프가 되었는지, 그 비밀을 함께 들여다볼까요?

누구도 경험해 보지 못한 '처음'의 맛

아드리아는 1962년 스페인의 어느 한적한 마을, 평범한 가정에서 태어났습니다. 아드리아가 처음부터 요리에 관심이 있던 것은 아닙니다. 요리는 물론 학업에도 관심이 없던 그는 고등학교를 자퇴하고 노는 데만 열중했습니다. 그러다 돈을 벌기 위해 식당에서 주방 보조로 일하던 중, 우연찮게 요리책을 접하고 요리에 대한 지식을 하나둘 쌓기 시작합니다. 해군에서 군복무를 하게 된 아드리아는 합동참모본부 주방에서 프로 요리사와 함께 일하는 경험을 하게 됩니다. 이것이 계기가 되어 1983년 제대하자마자 엘 불리를 찾아가 레스토랑 주방의 실습생이 되었지요. 이때부터 그의 인생은 완전히 달라지기 시작했습니다. 내로라하는 셰프들이 즐비한 곳에서 수많은 요리 과정을 경험할 수 있는 절호의 기회를 얻은 것입니다.

당시 유럽 요리에는 두 가지 큰 흐름이 있었습니다. 하나는 '누벨 퀴진'이고 또 하나는 '오트 퀴진'입니다. 누벨 퀴진은 무겁고 기름진 요리에서 벗어나 좀 더 가볍고 신선한 요리를 추구하는 경향으로 음식의 신선도, 담백함 그리고 풍미의 깨끗함에 중점을 두었습니다. 오트 퀴진은 희귀하고 값비싼 재료를 아낌없이 사용하는 방법으로, 최고급 요리를 코스별로 완벽하게 준비된 형태로 제공했습니다. 아드리아가 일하는 엘 불리도 이런 대세를 거스르지 않은 덕에 꽤나 유명한 레스토랑으로 인정받았습니다. 그런데 아드리아는 종종 이런 생각을 했습니다.

'셰프는 왜 매일 똑같은 재료와 정형화된 조리법만 고집할까?'

요리를 할 때 유행을 따르는 것은 대중의 인기를 얻을 수 있는 방법이긴 하지만 새로운 맛을 창조하기는 어렵게 됨을 의미합니다. 아드리아는 그것을 일찌감치 깨닫고, 창조적인 레시피에 늘 목말라했습니다.

어쨌든 성실히 일한 아드리아는 엘 불리의 오너에게 실력을 인정받아 셰프로 승격하는 영예를 얻습니다. 선배 셰프에게 배웠던 대로 그는 완성도 높은 요리를 속속 내놓았습니다. 그러던 어느 날 아드리아는 자신이 한정된 재료와 조리법만을 가지고 요리하고 있음을 깨닫습니다.

'보통은 재료를 그냥 날것으로 먹든지, 끓이고 삶든지, 굽고 튀긴다. 다른 조리법은 없을까? 사람들이 생전에 경험해 보지 못한 첫맛을 선사하고 싶다!'

아드리아는 셰프의 자리에 안주하지 않고 새로운 조리법을 틈틈이 연구했습니다. 어느새 손님 테이블에 내놓은 요리에 하나둘씩 그의 창의력이 배어나기 시작했습니다. 드라이아이스에서 나온 이산화탄소를 이용해 과일을 탄산화시키는 탄산화

미래를 바꿀 발칙한 생각들이 세상을 깼다

난생처음 맛보는 요리,
도대체 어떻게 만들었을까?

기법, 고기나 생선의 영양을 유지하고 채소, 과일의 색깔을 선명하게 유지하는 진공 · 저온 조리법, 젤라틴이나 레시틴을 이용해 거품 소스를 만드는 거품 추출법, 알긴산나트륨과 염화칼슘으로 다양한 크기의 공 모양을 만드는 구형 제조법 등 어디서도 체험해 보지 못한 독특한 조리 방법들이 그의 손끝에서 탄생하기 시작한 것입니다.

사람들은 날마다 새로운 요리를 내놓는 아드리아에게 '분자 요리의 선구자'라는 별명을 붙여 주었습니다. 아드리아가 당대 요리의 큰 흐름이었던 누벨 퀴진과 오트 퀴진을 뛰어넘으려 딱히 애쓴 것은 아니었지만, 그는 이미 새로운 요리의 물결을 만들어 내고 있었습니다.

분자 요리란 무엇인가

'분자 요리'는 무엇일까요? 분자 요리에는 식자재의 질감 및 요리의 과정 등을 과학적으로 분석해 새롭게 변형하거나 다른 형태의 음식으로 창조하는 작업이 수반됩니다. 분자 요리는 일반적인 요리와 달리 기존 요리의 질감이나 구조를 과학적으로 분석해 새로운 맛 또는 재료와의 궁합을 찾아내고, 재료가 가진 최상의 맛을 끌어냅니다. 이는 음식 재료에 대해 분자 단위까지 분석해야 가능한 일이기에 그의 요리가 분자 요리라 불리는 것이지요.

분자 요리는 과학적 지식과 식재료에 대한 전문 지식 등 다양한 분야의 해박한 지식이 전제되어야 가능합니다. 그래서 분자 요리를 하는 요리사는 과학자에 준하는 실험과 연구를 하는 경우도 많습니다. 예를 들어 분자 요리에 능란한 요리사가 액화질소를 이용해 알코올을 사탕처럼 만들거나 셔벗으로 만들 때에 스포이트, 주사기, 메스실린더 등 과학 실험 도구를 쓰기도 하고, 각종 화학 약품을 활용하는 모습도 흔히 볼 수 있지요.

이러한 분자 요리는 어째서 혁신적이라는 평가를 받을까요? 식재료의 분자 배열은 끓이거나 굽는 과정에서 바뀌기 때문에 기존 요리법의 경우 조리 중 고유의 맛과 향이 사라지는 경우가 많습니다. 반면 분자 요리는 원재료의 맛과 향을 가장 잘 전달할 수 있습니다. 또한 음식을 먹는 재미까지 더하는데, 먹는 사람이 음식을 입에 넣어 보기 전에는 재료를 전혀 예상할 수 없을 정도로 새로운 형태로 조리하기 때문이지요.

페란 아드리아는 이렇게 말합니다.

"요리에서 중요한 것은 모방이 아니라 창조다."

많은 사람들이 주어진 레시피와 얼마나 비슷하게 요리를 완성하느냐에 몰두할 때 아드리아는 세상 그 누구도 맛보지 못한 맛을 찾아내기 위해 노력했습니다.

스페인 카탈루냐에 가면 페란 아드리아가 수석 셰프로 일하는 세계 최고의 레스토랑 엘 불리가 자리하고 있습니다. 앞서 밝힌 바 있지만 이 레스토랑에서 그가 해 주는 요리의 맛이라도 볼라치면 지금 예약을 해도 최소 1,2년은 기다려야 합니다.

미래를 바꿀 조리수 생각들이 한트로 있다

난생처음 맛보는 요리,
도대체 어떻게 만들었을까?

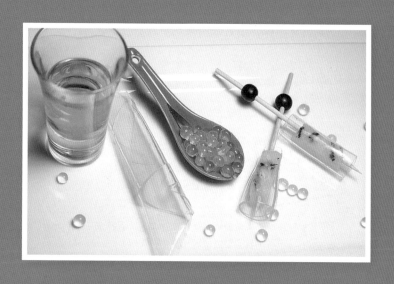

음식을 입에 넣기 전에는 재료를 예상할 수 없는 요리,
생전 경험해 보지 못한 첫맛을 선사하는 요리,
페란 아드리아의 요리는 끊임없이 연구하고 노력하는
창조 정신에서 비롯되었다.

음식은 못 먹어도 좋으니 식당 안에 들어가 구경이라도 하고 싶다고요? 불행하게도 그것마저 녹록지 않습니다. 엘 불리는 1년 중 6개월만 영업을 하고 나머지 6개월은 새로운 요리 연구를 위해 문을 닫기 때문입니다. 세계 최고의 레스토랑이라는 데 자만하지 않고 끊임없이 연구하고 노력하는 자세, 이것이 아드리아가 말한 창조 정신이 아닌가 싶습니다.

※ 다음 활동을 함께 해 봅시다.

(1) 맛있는 음식을 먹을 때 사용할 수 있는 다음과 같은 도구들은 어떤 문제를 해결하기 위해 창안된 것인지 생각해 봅시다.

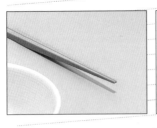 

(2) 지금까지 경험해 본 가장 창의적인 요리는 무엇이었는지 말해 봅시다.

이토록 엉뚱한 연구가 노벨상을 탈 수 있을까?

: 다른 사람의 비웃음을 두려워 말라

의류 제조 업체 K 사에 다니는 권 씨는 늦은 회식에 참가하고 집에 돌아갈 때마다 식구들로부터 잔소리를 듣습니다.

"아이고, 술 냄새! 도대체 얼마나 마셨길래 이렇게 술 냄새가 심해?"

"담배 좀 그만 끊어라. 옷에 담배 냄새가 배서 네 방에만 들어가면 담배 냄새가 진동을 한다."

이런 생활 속의 불평과 불만을 허투루 보아 넘기지 않은 권 씨는 의류 회사 직원답게 재미있는 상상을 했습니다.

'술 냄새나 담배 냄새가 사라지고, 꽃향기가 솔솔 풍기는 옷이 있다면 얼마나 좋을까?'

권 씨의 이런 생각을 종종 전해 듣는 직장 동료들은 시큰둥

하게 반응하며 그의 아이디어를 대수롭지 않게 여겼습니다.

"그런 옷이 어디 있어. 그리고 그 옷을 무엇에다 써. 꽃향기를 맡고 싶으면 향수나 뿌리면 되지."

동료들의 이런 무관심에도 불구하고 권 씨는 자기 나름대로 연구를 진행해 나갔습니다. 대학에서 향기를 내뿜는 캡슐에 관한 기술을 연구했던 그는 이것을 '향기 나는 정장' 개발에 응용하기로 마음먹습니다. 그리고 마침내 1999년에 그의 상상이 현실 속의 옷으로 태어났을 때, '튀는 아이디어'를 높이 평가하는 '이그노벨(Ig Nobel)상' 선정위원회는 이 옷을 제작한 권 씨에게 이그노벨상의 환경보호상을 수여합니다.

이 옷은 손으로 문지르기만 하면 상큼한 꽃향기가 은은하게 번져 갈 수 있도록 제작되었습니다. 당시로서는 얼마나 톡톡 튀는 아이디어였는지 미국의 CNN에서 이 옷에 관해 집중 보도를 하기도 했고, 시상식에서는 진짜 노벨상 수상자들이 이 향기 나는 정장을 직접 입고 나와서 옷을 문질러 향기를 만드는 시범을 보이기도 했습니다. 이 옷은 향수를 일상적으로 사용하는 서양인들의 눈길을 단번에 사로잡았다고 합니다.

어쨌든 권 씨는 향기 나는 정장을 개발한 공로를 인정받아, 한국인 최초로 이그노벨상을 수상했습니다. 이 옷은 우리나라의 대형 패션 회사인 FnC코오롱에서 향기 나는 신사복으로 현재도 시중에서 판매하고 있습니다. 그리고 권 씨의 아이디어는 그 이후로 의류 업계에서 다양한 아이디어 상품을 개발하는 데 자극이 되었습니다. 옷을 문지르면 비타민 D가 방출되어 피부

미래를 바꿀 톡톡 튀는 생각들이 여기도 있다

이토록 엉뚱한 연구가
노벨상을 탈 수 있을까?

에 흡수되는 비타민 정장, 전자파 차단 정장, 원적외선을 발산하는 정장 등 아이디어로 승부하는 독특한 기능성 의류가 속속 제작되기 시작했으니까요.

사람들을 웃게 만들고, 생각하게 하라

　과학 분야에서 아직 한 사람의 노벨상 수상자도 배출하지 못한 우리나라에서 권 씨는 일찌감치 이그노벨상을 수상했습니다. 그가 받은 이그노벨상은 도대체 어떤 상일까요?

　'이그노벨상'은 흔히 '엽기 노벨상' 혹은 '가짜 노벨상'이라고 불립니다. 이 상은 미국 하버드대 과학 잡지 〈AIR〉이 1991년부터 매년 수여하는 상입니다. 이그노벨상은 평화·사회학·물리학·문학·생물학·의학·수학·환경보호·위생 그리고 여러 학문 분야와 관계있는 연구 등 총 10가지 분야로 나뉘며 수상식은 하버드대학교의 샌더스 극장에서 치러집니다. 이그노벨의 'IG'는 'Improbable Genuine'의 약자로 '있을 것 같지 않은 진짜'라는 뜻입니다.

　주로 기존의 고정관념을 깨는 이색적인 연구를 한 연구자가 이 상의 후보자이지만, 무엇보다도 중요한 수상 기준은 겉으로는 웃음 터져 나올 정도로 우스꽝스러우면서도 의미 있는 메시지를 담은 연구여야 한다는 것입니다. 다시 말해 '사람들을 웃게 만들고, 사람들을 생각하게 하라.'는 것이 이그노벨상의 취

257

지요, 목적이라고 할 수 있지요. 이 상은 단지
이벤트나 일회성 화제를 위해 만든 것
이 결코 아닙니다. 이 상의 심사와
시상을 실제 노벨상 수상자들이
맡고 있다는 사실만 보아도 이
상의 권위를 짐작할 수 있습
니다.

한편 이그노벨상의 마스코트는 로댕의 〈생각하는 사람〉이
거꾸로 누워 있는 그림입니다. 이그노벨상의 취지를 상징적으
로 잘 보여 주는 그림이지요. 이그노벨상은 연구자의 도전 정
신과 창의성을 높이 평가합니다. 물론 과학 연구의 기본은 아
이디어, 곧 생각입니다. 로댕의 생각하는 사람을 택한 것은 가
장 기본적인 생각의 중요성을 함축합니다. 그러나 그 '생각'이
항상 '바른 자세'로 이루어져야 하는 것은 아닙니다. 뒤집혀 있
는 자세로 생각하는 사람의 모습은, 연구자의 생각도 기상천외
해야 함을 암시하는 듯합니다. 받침대에서 떨어져 있는 조각상
은 마치 우리가 좀처럼 벗어나지 못하는 '생각의 받침대'와 같
은 고정관념에서 벗어나야 함을 암시하는 것일 테고요.

재미도 있고 실용적이면서 의미 있는 연구

역대 이그노벨상 가운데 가장 재미있고 의미 있는 연구로

미래를 바꿀 뜻하한 생각들이 여기로 있다

이토록 엉뚱한 연구가
노벨상을 탈 수 있을까?

는 어떤 것이 있었을까요? 2011년 이그노벨상 화학상을 받은 연구는 '고추냉이 알람'이었습니다. 이 연구는 재미도 있을뿐더러 실용적인 측면에서도 매우 돋보이는 것으로 평가받았습니다.

고추냉이 알람은 알람 소리를 잘 듣지 못해 아침마다 못 일어날까 봐 걱정하는 사람들에게 제격입니다. 일본의 어떤 소화기 회사에서 제작한 이 제품은 고추냉이와 머스터드 등 강한 향을 섞어 뿌리는, 일종의 '냄새 알람'입니다. 소리 대신에 코를 쏘는 매운 냄새로 단박에 사람을 깨우는 알람 시계의 성능은 뜻밖에 놀랍습니다. 실험에 참가한 대부분의 사람을 2분 이내에 깨웠고, 사용자의 만족도가 거의 만점에 가까웠다고 합니다. 매우 불쾌한 알람이 될 것이라는 예상과 달리 실험자들은 한결같이 잠을 깨기에 적당하면서도 인체에 심하게 자극을 주지 않아서 좋다고 말했습니다. 지금도 일본 나고야에 있는 호텔에서 청각 장애가 있는 투숙객에게 이 냄새 알람을 제공하고 있다고 합니다. 이 냄새 알람은 전혀 듣지 못하는 사람들에게도 유용하지만, 그와는 반대로 소리가 너무 시끄러운 곳 이를테면 운동장, 노래방, 시장, 작업장 등에서 시간의 흐름을 인식해야만 하는 상황에서도 유용할 것입니다.

2009년 이그노벨상 공중 보건 분야에서는 '브래지어 방독면'이 수상의 영광을 차지했습니다. 체르노빌 원전 사태가 발생했을 당시, 마스크가 부족해 방사능에 피폭된 사람들의 피해가 늘어나는 모습을 눈앞에서 목격한 한 과학자가 일상생활 중에도 손쉽게 휴대할 수 있는 방독면 제작을 고심하다가 만든 제품이 바로 이것입니다.

우크라이나의 과학자인 보드너 박사는 기발하게도 여성의 브래지어에서 문제 해결의 아이디어를 얻었습니다. 브래지어에 방독 기능이 있는 필터를 부착해 여성들이 평소에 착용하는 브래지어를 유사시에 방독면으로 탈바꿈시킬 수 있도록 한 것입니다. 자신 이외에도 다른 사람을 구할 수 있게끔 해 위기 상황에서 유용하게 쓰일 수 있도록 한 것이지요. 이 브래지어는 재미있는 발상이면서도 유사시에 목숨을 구할 수 있을 정도로 유용한 제품이라는 평가를 받았습니다.

한편 2012년 화학상은 스웨덴의 환경공학자 요한 페테르손에게 돌아갔습니다. 그의 연구는 다음과 같이 시작되었습니다. 스웨덴의 앤더슬뢰프 지역에 사는 주민들의 금발 머리카락이 어느 날부터 하나둘씩 초록색으로 변하는 일이 발생합니다.

"머리가 왜 이렇게 초록색으로 변하는 건가요? 어디가 아픈 건가요?"

"의사인 저로서도 아직 원인을 밝힐 수가 없습니다. 죄송합니다."

갑자기 몸에 이상 반응을 보이는 주민들의 동요로 병원마다 사람들이 넘쳐나고, 언론에서도 비상한 관심을 보였지만 뚜렷한 원인을 찾아내지 못했습니다.

이때 요한 페테르손이 이 사실에 관심을 가지고 역학 조사를 시작했습니다. 조사를 하던 중 페테르손은 왜 유독 이 지역에서만 이런 현상이 일어나는지에 주목했습니다. 그리고 주민

미쳤거나 비겁한 천재들의 엉뚱한 생각들이 세상을 바꾸고 있다

이토록 엉뚱한 연구가
노벨상을 탈 수 있을까?

들의 머리카락을 채취해 정밀 분석한 결과, 일반인의 머리카락에 비해 구리 성분이 다량 함유되어 있음을 알아냅니다. 연구를 진척시킨 그는 마침내 해당 지역의 상수도 파이프관이 거의 동일한 시기에 시공되었다는 것과 재질이 구리로 되어 있다는 사실을 발견했습니다. 조사를 거듭한 결과, 난방용 동파이프관이 제대로 코팅되어 있지 않아 뜨거운 물이 동파이프관을 통과하면서 주민들의 머리카락을 초록색으로 물들였다는 것을 밝혀냈습니다. 일련의 검사 과정을 진행한 환경공학자 요한 페테르손은 이 공로를 인정받아 이그노벨 화학상을 수상합니다. 그이후 주민들은 페테르손에게 대책을 요구했습니다.

"원인을 밝히셨으니 대책도 말씀해 주세요. 어떻게 하면 머리가 초록색으로 물들지 않을 수 있을까요?"

"네, 대책이 있습니다. 머리를 감을 때 뜨거운 물을 쓰지 말고 찬물로 감는 것입니다."

페테르손이 제시한, '매우 정확한' 대책에도 불구하고 주민들은 하나둘씩 마을을 떠났다고 합니다. 너무 추워서 못 살겠다고 말이지요.

시간이 지나면서 혁명적이라는 평가받아

위에서 제시한 세 가지 사례 이외에도 흥미롭고 창의적인 연구들이 이그노벨상의 주인공이 되었습니다. 적군에게 특수

한 화학 물질을 투하해 동성에게 호감을 느끼게 하는 '게이 폭탄'은 전쟁 억지력에 도움이 될 기발한 제품이라고 평가받아 2007년 평화상을 수상했지요. 그런가 하면 화상 환자들을 위한 진통제 약병에 비싼 약처럼 보이도록 이름을 바꿔 달았을 때 환자들이 체감하는 진통 효과가 더 크게 나타났다는 연구 결과가 2008년 의학상을 거머쥐기도 했습니다.

1991년에 처음으로 이그노벨상을 제정해 20년 넘게 운영해 오고 있는 마크 에이브러햄스는 이렇게 말합니다.

"지금까지 과학사를 살펴보면 혁명적인 발명들도 처음에는 황당하다는 평가를 받았습니다. 그러나 시간이 지나면서 비로소 혁명적이라는 평가를 얻었습니다. ……(중략) 우리는 어떤 연구가 최고냐 최악이냐, 가치가 있느냐를 따지지 않습니다. 정말 획기적인 연구는 처음 나왔을 때에는 그 가치를 알 수 없는 것이 대부분이기 때문입니다."

처음에는 황당하거나 무가치했던 것이 추후에 그 가치를 평가받는다는 그의 말을 증명이라도 하듯, 앞서 언급한 브래지어 방독면으로 2009년 이그노벨상 공중 보건상을 받은 우크라이나 과학자의 아이디어는 나중에 실제로 특허를 받았습니다. 또 2000년에 자석을 이용해 개구리를 공중 부양시키는 연구로 이그노벨상 물리학상을 받은 영국 맨체스터대의 안드레 가임 교수는 2010년에 진짜 노벨 물리학상을 타게 됩니다.

미래를 바꿀 엉뚱한 생각들이 여기고 있다

이토록 엉뚱한 연구가
노벨상을 탈 수 있을까?

얼핏 보기에 엉뚱하고 이상해 보이기도 하지만, 이그노벨상은 '끝없는 도전 정신'을 기치로 내세우고 과학 연구의 대중화에 기여하면서 많은 사람들의 사랑을 받고 있습니다.

※ 다음 문제를 읽고 활동해 봅시다.

(1) 역대 이그노벨상 수상자와 연구 주제를 조사해 보고, 가장 재미있고 창의적인 연구 주제는 무엇이었는지 말해 봅시다.

(2) 도전해 보고 싶은 연구 주제를 하나씩 생각해 봅시다.

Story 26

정리 정돈만 잘해도
예술 작품이 된다

: 새로운 아이디어는 즉시 실행하라

우르주스 베얼리는 이름만큼이나 참 특이한 이력을 가진 인물입니다. 스위스에서 태어난 그의 직업은 코미디언입니다. 그리고 디자이너이기도 하지요. 또한 특이한 현대미술 작품의 창시자, 즉 예술가이기도 합니다.

우리는 어려서부터 부모님의 잔소리를 수없이 듣고 자랍니다. 마치 그런 잔소리가 우리가 성장하는 데 필요한 자양분이라도 되는 것처럼 말입니다. 여러분은 부모님께 어떤 잔소리를 듣나요? 모르긴 몰라도, 청소와 관련해 잔소리를 듣는 친구들도 꽤 있을 것입니다.

"방 좀 어지럽히지 마라."

"네 방 청소 좀 해라."

미래를 바꿀 방을 통기한 생각들이 싹트고 있다

"방이 이게 뭐니? 정리 정돈 좀 하고 살아라."

베얼리는 바로 우리가 '귀에 못이 박히도록 듣는' 정리 정돈
을 담당하는 예술가입니다. 그는 남의 그림을 정리 정돈하는
데 일가견이 있는 천재적 작가거든요. 그가 창시한 작품 세계
를 일컬어 '정리 정돈의 예술'이라고 부를 정도입니다. 그런데
남의 그림을 정리 정돈한다는 것이 무슨 뜻일까요? 그의 정리
정돈의 예술은 다음과 같이 시작되었습니다.

그림 속에 들어갈 수 있다면

베얼리의 집에는 미국의 유명 화가 도널드 베클러의 그림이
걸려 있었습니다. 그런데 베얼리는 그림을 볼 때마다 그림 속에
아무렇게나 널려 있는 물건이 자꾸만 눈에 밟혔다고 합니다.

'그림 속의 저 남자는 정돈되지 않은 저 벽돌을 보면서 얼마
나 힘이 들까? 아니, 화가는 왜 이렇게 정리가 안 되어 있는 그
림을 그린 거야!'

베얼리는 결벽증이라도 있는 듯 정리되지 않은 그림에 늘
불만이 가득했습니다. 그래서 집 안을 드나들 때마다 이렇게
중얼거리기 일쑤였습니다.

"나라도 그림 속에 들어가서 저 빨간 벽돌들을 정리 정돈해
주고 싶은 심정이야."

눈이 몹시 내리던 어느 날, 찬바람을 맞으며 빵을 사러 갔다

온 베얼리는 집 안에 들어서면서 불현듯 결심을 하게 되었습니다.

"안 되겠다. 내가 저 그림을 정리 정돈하고야 말겠어."

베얼리는 즉시 스케치북을 꺼내어 그림을 그리기 시작했습니다. 얼마 되지 않아 그림이 완성되었습니다. 이것이 바로 베얼리가 최초로 시도한 '정리 정돈의 예술품'입니다. 요컨대 베얼리가 처음으로 정돈한 것은 바로 미국의 화가 도널드 베클러의 그림입니다. 위 사진에서 왼쪽에 서 있는 그림이 바로 그것입니다. 베얼리는 왼쪽 그림에 아무렇게나 널려 있는 빨간색 벽돌을 차곡차곡 한 줄로 쌓아서 오른쪽과 같은 정리 정돈의 작품을 완성한 것이지요. 베얼리의 이 그림은 엉뚱한가요, 아니면 기발한가요?

정리 정돈만 잘해도
예술 작품이 된다

정리 정돈의 예술이 시작되다

베얼리는 직업상 출장이 잦아서 호텔에서 묵는 일이 많았습니다. 베얼리가 '리치'라는 고급 호텔에 머무르고 있을 때의 일입니다. 그는 언제나처럼 일을 보기 위해 호텔 문을 나서면서 '방을 정리해 주세요.'라는 팻말을 문밖에 걸어 놓았습니다. 그런데 이날은 약간의 호기심이 발동했습니다.

"호텔리어들은 어떻게 정리 정돈을 잘하는 걸까? 내가 엄청나게 어지럽혀도 감쪽같이 청소하고 물건들을 제자리에 가져다 놓을 수 있을까?"

호텔리어의 정리 정돈 기술에 늘 감탄해 왔던 베얼리는 장난삼아 재미있는 실험을 해 보기로 합니다. 일부러 책, 칫솔, 옷가지 등을 여기저기 흩어 놓고 외출한 것입니다. 그리고 저녁에 다시 방으로 돌아왔을 때 베얼리는 고개를 주억거리며 중얼거렸습니다.

"아주 훌륭해! 모든 물건이 제자리를 찾아 정리가 되었군."

정리벽이 있는 베얼리에게도 매우 흡족한 일이었습니다. 베얼리는 여기에 그치지 않고 며칠 더 이런 실험을 반복했지만 결과는 늘 같았습니다.

호텔에서 했던 이런 장난 같은 실험이 성공을 거두자, 베얼리는 1888년 이후 한 번도 정리된 적이 없는 어떤 방을 손수 정리 정돈하기로 마음먹습니다. 그토록 오랜 세월 동안 정리된 적이 없는 방이라니, 과연 어떤 방일까요? 바로 빈센트 반 고흐

의 작품, 〈아를의 침실〉입니다.

위의 사진 속 왼쪽 그림은 고흐가 아를에 살던 시절 자신의 침실을 모델로 그렸다고 전해집니다. 고흐 스스로 '남성적이고 간결하지만 단조로운 색만으로도 조화를 이루었다.'고 평할 만큼 만족하는 수준의 작품이었습니다. 그런데 베얼리는 이 방의 청소 상태가 불만이었습니다. 그래서 마치 어지럽혀진 방을 청소하는 것처럼 고흐의 침실을 말끔하게 정리 정돈하고야 맙니다. 액자는 침대 위에 올리고, 잡동사니들을 모두 침대 밑으로 감춰 버렸습니다. 그렇게 해서 베얼리가 정리 정돈한 예술품은 오른쪽과 같은 모습으로 탄생하게 됩니다.

'정리'라는 말을 사전에서 찾아보면 '흐트러지거나 혼란스러운 상태에 있는 것을 한데 모으거나 치워서 질서 있는 상태가 되게 함.'이라고 나와 있습니다. 또 '정돈'이라는 말은 '어지

밑줄 밑줄 불가한 생각들이 샘드리 있다

정리 정돈만 잘해도
예술 작품이 된다

럽게 흩어진 것을 규모 있게 고쳐 놓거나 가지런히 바로잡아 정리함.'이라고 풀이되어 있습니다. 정리 정돈에 대한 사전적 풀이가, 베얼리의 작품을 왜 '정리 정돈의 예술'이라고 명명하는지 그 이유를 충분히 설명하는 듯합니다.

이번에는 정리 정돈 예술의 극치를 맛보도록 할까요? 아래 그림은 브뤼겔의 〈사육제와 사순절의 싸움〉이라는 작품입니다. 너무 복잡해서 어느 장면이 축제이고, 어디에서 싸움이 일어나는지 구분이 잘 안 될 정도이지요. 여기저기 늘어서 있고 나뒹구는 사람들의 무리는 현기증이 날 만큼 복잡한 어느 도시의 전형을 보여 줍니다. 베얼리 같은 사람이 이 장면을 그대로 놔둘 리 없었겠지요?

　　앞의 작품을 베얼리는 위의 그림과 같이 깔끔하게 정리해
냅니다. 그림 속에 있던 많고 많은 사람들은 어디로 갔을까요?
집으로 다 돌아간 것일까요? 베얼리는 그림 속 광장에서 수많
은 사람들을 분류해 내서 아래와 같이 따로 쌓았습니다. 고흐
의 작품에서처럼 그림 속 침대 위
와 밑에 소품을 가지런히 정리하
는 수준을 뛰어넘어 아예 그림
밖으로 모든 것을 끌어내 버
린 것입니다.

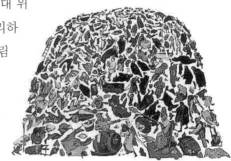

정리 정돈만 잘해도
예술 작품이 된다

반짝이는 아이디어를 혁신적인 예술 작품으로

　베얼리는 그 밖에도 후앙 미로의 〈종달새의 노래〉, 르네 마그리트의 〈겨울비〉, 쇠라의 〈그랑자트섬의 일요일 오후〉 등 내로라하는 명품들을 정리 정돈한 것으로 유명합니다. 이렇게 다른 사람의 작품을 정리해 만든 작품이 책 두 권가량이라고 합니다. 그러나 앞으로도 그의 예술의 길은 무궁무진할 수밖에 없습니다. 수백 수천 년 동안 예술가들이 어질러 놓고 흐트러뜨린 작품이 어디 한둘이겠어요? 베얼리는 앞으로도 그 작품들을 정리 정돈하는 데 시간을 보낼 것입니다. 이것이 바로 얼마나 더 기발한 정리 정돈의 예술품이 창작될지 기대되는 이유이기도 합니다.

　'예술 작품을 정리 정돈한다.'는 베얼리의 발상은 기발하기 짝이 없습니다. 순간적으로 스쳐 간 획기적인 아이디어를 놓치지 않고 더 높은 수준의 사고로 발전시키면 혁신적인 창조물을 만들어 낼 수 있음을 보여 주는 사례이지요. 그는 집에 걸린 사소한 액자 그림 하나를 보고 새로운 도전을 해 보았고, 호텔에서 방을 청소해 주는 호텔리어의 세심함에서 본격적으로 정리 정돈의 예술에 대한 아이디어를 발전시켜 나갔습니다. 이렇게 초창기의 불씨 같은 아이디어를 조금씩 발전시켜 가며 결국 현대 예술계에 혁신을 낳은 것입니다. 머릿속에 떠오르는 반짝이는 생각을 아이디어로 머물게 하지 않고 현실로 옮긴 그의 실행력 역시 예술 작품을 탄생시킨 원동력일 것입니다.

271

※ 스페인의 한 예술 단체는 버려진 쓰레기 비닐 봉투를 활용한 설치 미술을 선보였습니다. 우리에게 어떤 메시지를 주는 작품인지 생각해 봅시다.

미래를 바꾸는 상상력이 세상을 이끈다

동네 쓰레기를
하루아침에 사라지게 하려면
: 사람 스스로 변화하게 하라

　　얼마 전 EBS 교육 방송의 한 프로그램에서 재미난 실험을 했습니다. 서울의 어느 한 동네, 이곳에는 늘 쓰레기가 쌓이는 담벼락이 있습니다. 담벼락에는 누군가 쓰레기를 버리지 말라는 내용의 호소문을 붙여 놓았습니다. 바로 옆 전봇대에도 쓰레기 무단 투기를 엄중히 경고하는 빨간색 글씨가 대문짝만 하게 붙어 있습니다. 그러나 소용이 없습니다. 환경미화원이 매일같이 쓰레기를 가져가도 하룻밤만 지나면 또다시 많은 양의 쓰레기가 쌓입니다. 급기야 CCTV를 설치해 보았으나, 설치한 당일에 조금 효과가 있었을 뿐 이내 쓰레기가 쌓여 갑니다. 어두운 밤이 되면 동네 사람들이 하나둘 쓰레기를 들고 와 슬그머니 담벼락에 내려놓고 사라집니다. 이곳의 쓰레기는 영원히

치울 수 없는 것일까요?

창의성으로 해결하라, 넛지 효과

그러나 작은 아이디어 하나가 믿기지 않을 만큼 놀라운 변화를 가져왔습니다. 바로 담벼락에 화단을 만들어 꽃을 심은 것입니다. 화단을 만들어 놓은 뒤 밤에 몰래 그 현장을 관찰해 보니, 어떤 사람이 커다란 쓰레기 봉지를 들고 와 잠시 주춤하더니 담벼락 밑에 버립니다. 그리고 그대로 가는가 싶더니 몇 발자국 가지 않고 다시 돌아와 쓰레기 봉지를 집어 들고 가져가는 것이었습니다. 다음 날 새벽, 여느 날처럼 쓰레기를 수거하러 온 환경미화원들은 깜짝 놀랍니다. 쓰레기가 온데간데없이 사라진 현장은 화단을 만들기 전과는 딴판이었지요.

대체 무엇이 사람들의 행동을 이토록 달라지게 한 것일까요? 이와 같은 현상을 '넛지(Nudge) 효과'라 말합니다. '넛지'란 우리말로 '팔꿈치로 쿡쿡 찌르다.'라는 뜻입니다. 작은 자극으로 큰 변화를 일어나게 하는 넛지 효과는 많은 사람의 고정관념을 뛰어넘는 새로운 문제 해결 방법을 모색합니다. 넛지 효과가 인상적인 것은, 보편적으로 시행되는 강제적인 규제나 감시 대신에 자연스러운 참여를 유도해 사람들의 긍정적인 변화를 도모하기 때문입니다. 쓰레기가 상습적으로 버려지는 장소에 아름다운 화단을 조성함으로써 사람들이 스스로 쓰레기를

미래를 바꿀 로라한 생각들이 쌓이고 있다

동네 쓰레기를 하루아침에
사라지게 하려면

버리지 않도록 만드는 효과, 그것이 바로 넛지 효과입니다. 이렇게 쓰레기를 함부로 버리는 사람들의 행동을 자발적으로 고치게 한 것처럼 창의성이 극대화된 넛지 효과로 우리 주변의 난제를 의외로 쉽게 해결할 수 있습니다.

천편일률적인 방법에서 벗어나라

독일에서는 한때 에스컬레이터 대신 계단을 이용하게 함으로써 전력을 아끼고자 하는 캠페인을 벌인 적이 있습니다. 하지만 편안한 에스컬레이터를 버리고 계단을 이용하라는 것은 사람들에게 설득력을 얻기 어려운 구호일 수밖에 없었지요.

세계적인 자동차 회사인 폭스바겐 사는 한 지하철역 출구에 있는 계단을 피아노 모양으로 설계하고 그곳에 사람들이 발을 디딜 때마다 소리가 나도록 만들었습니다. 그랬더니 계단을 이용하는 사람들이 눈에 띄게 늘어나기 시작했습니다. 결국 이 피아노 모양 계단을 설치함으로써 자연스럽게 에스컬레이터를 사용하는 사람들의 숫자는 줄어들고 계단을 이용하는 사람들은 66%나 증가하게 되었습니다. 의외의 결과로 언론에서 오랫동안 화제가 되었던 이 사례를 통해 우리는 몇 가지 사실을 알 수 있습니다. 아무리 좋은 의도를 가지고 정책을 펴더라도 사람의 마음을 움직이지 못하면 효과를 거둘 수 없다는 것 그리고 강제적이고 억압적인 법규나 제도가 사람들의 변화를 이끌어 내는 유일한 방법은 아니라는 사실입니다. 천편일률적인 방법에서 벗어나 사람들의 마음을 건드리는 창의적인 '넛지 디자인'이 사람들의 변화를 이끌어 낸 것이지요.

우리나라의 예를 들어 볼까요? 부산에는 급커브로 인해 사고가 자주 발생하는 지점이 있었습니다. 고속 주행이 가능한 도로의 곡선 구간에서 속도를 이기지 못한 차량들이 전복되어 대형 사고로 이어지는 사례가 빈번했습니다. 사고 예방 캠페인을 벌이고, 속도를 줄이라는 경고문도 붙여 보고, 경찰이 현장에서 주기적으로 과속 단속을 해 보기도 했으나 커브길 교통사고는 좀처럼 줄지 않았습니다.

그런데 당국에 넛지 효과를 이용해 교통사고 감소 효과를 거둔 미국 시카고의 사례가 접수됩니다. 시카고의 레이크쇼어 도로에서는 뛰어난 주변 경관으로 통행 차량이 많기 때문인지

동네 쓰레기를 하루아침에
사라지게 하려면

교통사고가 빈발해 시 당국이 골머리를 앓다가, 백색 가로선을 그리면서 사고가 대폭 줄었다는 것입니다. 천편일률적인 단속에서 벗어나 운전자의 자율적인 변화를 꾀하고자 했던 부산시에서도 이를 참고해 새로운 도로 시설을 시범 운영하기로 결정합니다.

부산의 자동차전용도로에 설치된 이 도로 시설은 시카고의 도로와 마찬가지로 넛지 효과를 이용해 교통사고를 줄이는 역할을 합니다. 2010년에 설치된 이 도로는 커브 구간에 가까워질수록 간격이 좁아지는 하얀색 가로선을 그은 것이 특징입니다. 이 시설물은 구간별로 총 길이 300~400m 구간에 백색 가로선을 긋되, 곡선 시작 지점부터 곡선 중심부로 갈수록 30m,

20m, 10m로 가로선의 간격을 좁혀 운전자가 같은 속도로 달리더라도 중심부에 가까워질수록 속도감을 더 느끼도록 유도했습니다. 운전자가 실제보다 더 빠르게 속도를 체감해 급커브 길에서 스스로 속도를 줄이게 하는 방식입니다.

부산에 설치된 이 도로 시설은 강제적인 단속 없이 운전자의 자발적인 행동 변화를 일으키게 만드는 작은 자극(하얀색 가로선)으로 큰 변화(교통사고 감소)를 이끌어 낸 창의적인 사례라고 할 수 있습니다.

잔소리보다 강한 넛지의 부드러운 힘

이와 같은 넛지 효과는 공익을 목적으로 하는 캠페인에서 그 효과를 더 크게 기대할 수 있습니다. 세계적인 환경보호단체 WWF(세계야생동물기금)에서는 줄어드는 숲을 지키기 위해 종이 절약 캠페인을 벌였습니다. 그 일환으로 낭비되는 화장지를 절약하기 위해 넛지 디자인을 가미한 창의적인 화장지 케이스를 선보였습니다.

이 화장지 케이스에는 지구의 허파로 불리는 아마존 일대 중심의 남미 지도가 그려져 있습니다. 그리고 초록색 아크릴판 너머로 하얀 화장지가 쌓여 있습니다. 그런데 이 화장지 케이스에서 화장지를 한 장 한 장 뽑아 쓸 때마다 마치 눈금처럼 화장지 높이가 낮아집니다. 이 모습은 '숲이 사라진다.'는 메시지

미래를 바꿀 보석같은 생각들이 쌓이고 있다

278

동네 쓰레기를 하루아침에
사라지게 하려면

를 비유적으로 전달합니다. 그래서 화장지를 사용하는 사람들로 하여금 남미의 숲이 사라지는 모습을 시각적으로 확인하게끔 해 자연스럽게 화장지를 절약하도록 유도합니다.

　너무나 많은 종이를 쉽게 쓰고 버리는 현실에서 그것이 우리 모두, 곧 지구의 자원이라는 것을 인식한다면 무분별한 종이 사용은 줄어들 수 있겠지요. 그러나 이런 변화는 쉽게 이루어지지 않습니다. 그래서 많은 사람들이 자연스럽게 종이 사용에 대한 문제를 인식하고 바람직한 행동을 하도록 유도한 이 아이디어가 더욱 돋보입니다. 화장지를 사용하는 사람들은 이 케이스에서 공익 캠페인이 전달하는 메시지를 자연스럽게 수용할 것입니다. 천 마디 잔소리보다 창의적으로 전달하는 이 부드러운 메시지가 훨씬 큰 효과를 거두었으리라는 것은 두말할 나위도 없겠지요?

※ 화장실 소변기에 파리 스티커를 붙이거나 작은
축구 골대를 설치했습니다. 어떤 넛지 효과를
기대한 것인지 말해 보고, 이 밖에 더 기발하고
효과적인 아이디어를 생각해 봅시다.

스포츠 중계방송이
이렇게 편파적이어도 될까?
: 관행 대신 해학을 택하라

    부산을 '야구의 도시'라고 불러도 전혀 어색하지 않을 만큼 많은 부산 시민이 야구를 '죽도록' 사랑합니다. 야구에 살고 야구에 죽는 도시가 바로 부산입니다. 특히 프로야구가 출범한 후 부산에서 롯데 자이언츠 구단의 인기는 상상을 초월합니다. 롯데 자이언츠의 경기가 홈구장에서 열리는 날에는 그 주변이 인산인해를 이루는가 하면, 롯데 자이언츠의 경기를 하루라도 보지 못하면 일을 못 하겠다는 사람도 부지기수일 정도지요. 많은 부산 사람들이 롯데 구단의 경기가 있을 때면 한 경기도 빠짐없이 부산 전역에 중계방송되는 것을 당연하게 여깁니다. 부산 · 경남 지역 방송인 KNN에서 이 중계를 도맡아 하고 있습니다.

281

여러분은 혹시 프로야구 중계 해설을 맡고 있는 이상득 해설 위원을 알고 있나요? 하일성 위원이나 허구연 위원은 들어 봤어도 그런 이름은 들어 본 적도 없는 친구들도 많을 것입니다. 그렇지만 부산 사람이라면 부산 시장 목소리는 몰라도 이 사람 목소리는 한 번쯤 들어 봤다고 해도 과언이 아닐 정도로, 그는 부산에서 남다른 유명세를 얻고 있는 KNN의 야구 해설 위원입니다. 이상득 위원은 다른 야구 해설 위원과 달리 특이하게 중계를 합니다.

"강민호 선수, 정말 훌륭하데이! 저 상황에서 안타를 만들어 내다니 대단하다고 할 수 있겠으요!"

롯데 선수가 잘하면 환호성을 지르고 칭찬 멘트를 날리지만 상대편이 안타라도 치면 노골적으로 한숨을 쉽니다. 그런가 하면 롯데 선수에 대해서는 되도록 장점을 말하고, 상대 선수에 대해서는 단점을 지적합니다. 너무하다 싶을 정도의 편파 중계이지만, 이런 방식 덕분에 그는 롯데 자이언츠의 절대적 팬이 다수인 부산에서 인기 최고의 해설 위원이 되었습니다. 부산 시민들은 이상득 해설 위원의 구수한 야구 해설에 대해 칭찬 일색입니다.

"이상득 위원은 우리 식구 같아요. 우리 편이 되어서 해설을 하니까 야구가 훨씬 더 재미있어요."

"해설을 부산 사투리로 하니까 마치 우리들 옆에서 함께 야구를 보면서 수다를 떨고 있는 것 같은 느낌이 들어요."

15년째 지역 방송 라디오에서 롯데 자이언츠의 야구 중계

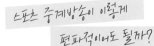

를 하고 있는 이상득 위원은 왕년에 롯데 자이언츠 선수이기도 했습니다.

"제가 원래 롯데에서 선수로 뛰어서 그런지, 자꾸 팔이 안으로 굽네요. 그런데 부산 시민들이 제 해설을 좋아해 주니까 계속하게 됩니다. 제가 메이저리그 중계를 보니까 미국에서도 지역 구단을 일방적으로 응원하는 중계방송을 하더라고요. 그래서 참고를 했죠."

'편파 중계의 원조'라고 할 수 있는 KNN의 이상득 해설 위원은 부산에서뿐 아니라 전국적으로 지명도를 얻기 시작했습니다. 그러나 지역 방송사들의 야구 중계는 해당 지역에 거주하는 시청자나 청취자들만을 대상으로 합니다. 서울에 사는 롯데 팬들은 이상득 위원의 편파 중계방송을 쉽게 들을 수 없지요. 부산이나 경남 이외 지역에 사는 사람들도 이런 편파 방송에 대한 욕구가 생겨날 즈음, 누군가는 이렇게 일방적이고 편파적인 중계방송을 아예 드러내 놓고 해 보자는 '발칙한' 생각을 하게 됩니다.

스포츠 중계의 관행을 깨라

스포츠 중계는 중립적이고 공정해야 한다는 불문율이 있습니다. 양 팀, 혹은 양 선수 중 어느 한쪽을 편들거나 옹호해서는 안 되고, 방송 멘트의 양과 질이 공평하고 공정해야 한다는 이 불문율은 스포츠 중계에서 오랜 관행이었습니다. 그런데 이를 깨고 새로운 중계방송의 패러다임을 준비하는 사람들이 등장합니다.

"스포츠 중계에서 일방적으로 한쪽 팀을 옹호한다면 어떤 문제가 생길까요?"

"거부감이 생기지 않을까요? 자기가 응원하는 팀이 욕을 먹거나 비판을 당한다면 어떤 시청자가 그 방송을 편한 마음으로 보겠어요?"

"중계방송에서는 객관적으로 관찰자 입장에서 경기를 사실적으로 전달하고 모든 주관적 판단은 시청자의 몫으로 넘겨야 하니까 그렇겠죠."

"그러면 국가대표 간의 스포츠 경기는 편파적인데도 왜 많은 사람들이 거부감 없이 시청을 할까요?"

"우리나라와 일본이 축구 경기를 한다고 칩시다. 우리 선수가 골을 못 넣으면 아쉬워하고, 상대편이 골을 넣으면 화를 내는 아나운서를 심심치 않게 봅니다. 그런 편파적인 방송은 왜 가능한 거죠? 일방적으로 대한민국 편을 드는 방송과 해설 말입니다."

"시청자가 모두 같은 팀, 즉 대한민국 팀을 응원하니까 그렇겠지요. 중계방송을 시청하는 대부분의 사람이 대한민국 사람이니까 시청자들도 공평함에 대한 기준에서 조금 너그러워지는 것 아닐까요?"

"맞아요, 부산에서 이상득 해설 위원이 롯데 팀만을 옹호하

미래를 바꿀 불가사의한 이야기들이 싹트고 있다

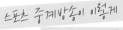

스포츠 중계방송이 이렇게 편파적이어도 될까?

는 편파적인 방송을 하지만, 오히려 부산 시민들의 전폭적인 지원을 받습니다. 이상득 해설 위원의 편파적 해설은 롯데 팬들만 들으니까요."

"그렇다면 삼성 팬만을 위한, 두산 팬만을 위한, 한화 팬만을 위한 독자적인 스포츠 중계를 만든다면 의외로 많은 사람이 좋아할 수도 있겠군요."

"그런데 불특정 다수가 시청하는 공중파에서는 그런 편파 중계는 힘들겠죠?"

"원하는 사람만이 선택적으로 접근할 수 있도록 인터넷 방송을 활용한다면 문제없지 않겠어요?"

"그래요. 편파 중계방송은 특정 팀을 응원하는 사람들을 위한 방송입니다. 자기가 좋아하는 팀의 중계방송을 선택하게 하면 모든 사람이 편파 방송을 즐길 수 있는 시스템을 갖추게 되는 겁니다."

편파 중계방송은 이렇게 태동하게 되었습니다. 2011년 9월부터 KT의 인터넷 방송인 올레TV가 스포츠 채널 IPSN을 통해 전국을 대상으로 편파 중계를 시작했고, 지금은 더 많은 인터넷 방송이 편파 중계방송을 하고 있습니다. 이 편파 방송 서비스는 한 경기를 3개의 콘셉트로 나누어 중계합니다. 이를테면 한화와 넥센의 경기가 열리면 일반적인 중립 방송을 하는 중계방송 그리고 한화 중심의 중계방송과 넥센 중심의 중계방송, 이렇게 세 방송이 동시에 진행되는 식입니다. 이 편파 방송에서는 아나운서의 말과 해설 위원의 해설뿐만 아니라 특정 팀

중심의 영상까지 제공합니다. 이 모든 것을 누리기 위해 시청자들은 방송 초기 화면에서 자신이 원하는 팀의 중계를 고르기만 하면 됩니다.

편파 중계는 팬들의 감성을 자극

편파 중계는 특정 야구팀을 노골적으로 응원하며 상대팀을 깎아내리는 새로운 서비스입니다. 편파 중계방송에 참여하는 해설 위원들은 자신이 중계하고 응원하는 팀에 특별한 애정을 갖고 있어 시키지 않아도 편파성을 그대로 드러냅니다. 어떤 위원은 방송 중에 발끈하며 볼펜을 집어던지고, 또 어떤 위원은 흥분해서 한동안 말을 하지 못하는 경우도 있지요. 이런 상황이 고스란히 전달되기 때문에 해설자와 시청자 사이의 동질성과 일체감이 커집니다. 특히 열성 팬일수록 자신이 응원하는 팀 선수들을 집중적으로 보여 주고, 가려운 구석을 속 시원하게 긁어 주는 편파적 멘트에 더 몰입하게 되지요.

그 덕분에 기존에 관행처럼 행해지던 중립적 해설에 성이 차지 않는 야구 팬들에게 편파 중계방송이 입소문을 타면서 시청자가 크게 늘고 있는 추세입니다. 중립적 해설이 시청자의 지성을 자극했다면, 편파 중계는 야구 팬들의 감성을 자극하는 쪽으로 역량을 모아 시청자를 끌어들인다고 할 수 있지요.

최근에는 스포츠 중계 캐스터와 해설 위원으로 개그맨이 등

미래를 밝혀 줄 기발한 생각들이 샘솟고 있다

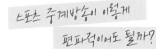

스포츠 중계방송이 이렇게 편파적이어도 될까?

장하기도 하고, 시청자가 직접 참여하기도 합니다. 그들이 등장해 말장난도 하고 재미있는 풍자도 곁들입니다.

"기아의 안치용 선수가 타석에 들어섭니다. 공을 안 친다고 해서 이름이 안치용이죠?"

"공을 치면서 방망이를 놓치다니요! 저런 플레이는 투아웃을 잡아 줘야 해요. 위험한 플레이거든요. 우리 선수가 다칠 뻔했어요."

이쯤 되면 편파 중계방송이 단순한 스포츠 중계방송을 넘어 예능 프로그램으로 진화하기 시작했다고 볼 수 있습니다. 스포츠 중계방송의 오랜 관행을 과감히 무너뜨리고, 금기된 것에서 해학적인 요소를 찾아내 발전시키고 있는 이 편파 중계방송은 엉뚱하지만 재미있고 창의적인 도전이라고 할 수 있겠지요?

※ 텔레비전 방송에는 프로그램마다 좀처럼 깨기 힘든 오랜 관행이 있습니다. 예를 들면 9시 뉴스에는 남녀 앵커가 각 한 명씩 등장하는 식이지요. 이런 관행들에는 또 어떤 것이 있는지 생각해 보고 새로운 방송 형태를 상상해 봅시다.

교과서에 나오지 않는 발칙한 생각들

초판 1쇄 펴낸날 2014년 2월 24일
초판 9쇄 펴낸날 2021년 6월 16일

지은이 | 공규택
펴낸이 | 홍지연
펴낸곳 | ㈜우리학교

편집 | 김영숙 고영완 소이언 정아름 김선현
디자인&아트디렉팅 | 정은경디자인
디자인 | 남희정 박태연
마케팅 | 강점원 최은
관리 | 정상희
인쇄 | 에스제이 피앤비

출판등록 | 제313-2009-26호(2009년 1월 5일)
주소 | 03992 서울시 마포구 동교로23길 32 2층
전화 | 02-6012-6094
팩스 | 02-6012-6092
홈페이지 | www.woorischool.co.kr
이메일 | woorischool@naver.com

ISBN 978-89-94103-66-2 43300